KB269657

백만장자의 꿈을 이루다

워런 버핏

워런 버핏

박은몽 지음

자음과모음

차례

 **1장** 꿈을 먼저 찾아야 꿈을 이룰 수 있다

 **2장** 행동 파워!
해 보지 않고서는 확신할 수 없다

 **3장** 꿈을 이루기 위해서는
많은 공부가 필요하다

 **4장** 원하는 것을 얻기 위해서는
기다릴 줄 알아야 한다

 **5장** 이익이 아니라
'소중한 가치'에 투자하다

 **6장** 멋있게 벌어서 통 크게 쓰는 진짜 부자

꿈을 먼저 찾아야 꿈을 이룰 수 있다

결정적 순간, 필이 오는 게 다르다

엉뚱한 청년의 엉뚱한 발상이라고?

한 젊은 청년이 주식 중개 회사의 창구에 앉아 고객을 맞이하고 있었다. 중년의 신사인 VIP 고객은 상당한 현금을 갖고 투자처를 찾고 있었는데 모든 창구의 직원들과 차례로 다 상담을 해 보다가 이 젊은이 앞에 앉았다. 그런데 중년의 신사를 맞이한 젊은이가 다른 상담사들과 조금 다른 엉뚱한 회사를 권유하자 중년의 신사는 고개를 절레절레 흔들었다.

"이봐 젊은이, 좀 더 좋은 투자처를 찾아봐 주게나."

"어르신, 지금 말씀드린 A사가 가장 적합한 투자처입니다."

"하지만 말이야. 내가 여기저기 다 상담을 해 봤지만, 그 회사를 추천하는 사람은 자네뿐이야. 도무지 신뢰가 가지 않는단 말이야.”

“물론 지금 현재의 회사 모습을 보면 A사에 구미가 당기지 않을지도 모릅니다. 하지만 좀 더 길게, 그러니까 한 1년에서 2년 정도 기다린다면 그 어떤 회사보다 큰 이익을 남길 수 있을 겁니다.”

“왜 그렇다고 보나?”

“성장할 가능성이 아주 높기 때문이죠!”

VIP 고객은 잠시 생각에 잠기더니 한 가지를 더 물었다.

“그럼 B사는 어떤가? 요즘 한창 사람들 입에 많이 오르내리던데 말이야.”

“B사의 경우에는 주가가 더 오를 수 있는 여지가 이제 별로 남아 있지 않습니다. B사에 투자하면 손해는 안 볼지 모르지만 수익 또한 기대할 수 없을 겁니다.”

“어허, 참. 다른 사람들하고 너무 다른 말을 하니…… 영 불안하구먼.”

결국 VIP 중년 신사는 자리를 털고 일어나 다른 창구로 갔다. 그 모습을 지켜보는 젊은이는 한숨을 쉬었다. 잠시 후 다른 고객이 또 젊은이 앞에 앉았다. 그러나 그 고객도 젊은이의 설명에 시큰둥한 반응을 보이며 일어섰다.

“뭘 믿고 그런 회사에 내 돈을 투자하겠나? 더 안전한 곳을 말해주어야지.”

"이 회사는 충분히 성장 잠재력이 있습니다. 이제까지 안정적인 성장세를 보여 주었습니다. 불안 요소는 없습니다."

"에잉, 쯧쯧쯧. 젊은 친구가 아직 경험이 없군."

다음 고객마저 놓쳐 버린 젊은이는 다시 침울해졌다.

'사람들은 도대체 왜 좋은 투자처를 알아보지 못하는 것일까? 조금만 다르게 보면 돈의 흐름이 보이는데 말이야.'

개중에는 젊은이의 말에 귀를 기울이는 사람들도 간혹 있었다. 한 고객이 젊은이의 설명을 듣더니 이렇게 말하는 것이었다.

"지금으로서는 A사를 주목하는 사람이 아무도 없는데요. 저 역시 A사는 여기 와서 상담하기 전까지는 들어 보지도 못한 회사라서요. 정말 1년 정도 이후에는 주가가 많이 오를까요?"

"네. 지금은 주목받지 못하지만 앞으로 전망 있는 회사로 발돋움할 겁니다."

"……."

그 고객은 궁금한 것을 꼬치꼬치 한참 더 물어보았고, 젊은이는 그 회사에 관한 차트 자료를 보여 주면서 설명을 이어 나갔다.

"불안해하실 건 전혀 없습니다. 투자라는 것은 가장 가격이 낮을 때 사서 가장 수익을 많이 남길 수 있는 시기를 기다렸다가 되파는 것이 최고죠. 그때까지 기다릴 수 있어야 하는 겁니다. 그렇지 않습니까?"

"그건 그렇죠."

고객이 고개를 끄덕이며 대답했다.

"그 원칙에 가장 잘 맞는 회사가 바로 제가 추천해 드리는 A사입니다. A사는 고객님 말씀처럼 아직 주목받지 못하기 때문에 주가가 낮은 편입니다. 그러니까 가장 낮은 가격에 많은 양을 사들일 수 있는 것입니다. 그런데 1, 2년 후에는 분명 우량주가 될 것입니다. 최고가를 칠 때 되팔면 고객님은 가장 큰 이익을 보게 되는 겁니다. 2년, 아니 1년을 기다릴 수 없습니까?"

마침내 고객은 젊은이의 말대로 A사에 투자하기로 결정했다. 그때 옆자리에서는 앞서 젊은이와 상담하다가 다른 창구로 가 버린 중년의 신사가 다른 중개인과 상담을 마무리하고 있었다. 그 VIP 중년의 신사가 선택한 회사는 B사였다. B사에 투자하기로 결정을 하고 서명을 하고 있던 중년의 신사는 젊은이의 말을 듣고 A사에 투자를 결정하는 고객을 힐끗 쳐다보며 혀를 찼다.

"걱정되는군. 새파랗게 젊은 친구 말만 듣고 말이야."

중년의 신사에게 다른 회사를 권유하여 투자하게 한 다른 상담사도 거들었다.

"저 젊은 친구는 말이죠. 엉뚱한 회사만 들고 나오죠. 도무지 이 바닥에서 어떻게 버틸지 걱정되는 친구랍니다."

봐, 순간의 선택이 운명을 가르잖아

한 사람은 A사를 선택했고 또 한 사람은 B사를 선택했다. 그 결과는 시간이 흐른 다음에 나타났다. 중년의 신사가 신경질적인 표정으로 주식 중개 회사에 나타났다. 그러고는 자신에게 B사를 권유한 경력이 지긋한 중개인에게 따지듯이 물었다.

"이보시오. 왜 도무지 주가가 오르지 않나? 아예 멈춰 있잖아. 이러다가 주가가 떨어지기 시작이라도 한다면 원금도 손해 아닌가?"

"아, 글쎄 말입니다. 전망이 아주 좋아 보였는데 말입니다."

그때였다. 오래전 중년의 신사와 달리 젊은이의 말을 듣고 A사에 투자한 고객이 나타났다. 그는 출입문에서부터 흥분된 표정으로 달려 들어왔다. A사를 권했던 젊은이가 반가운 표정으로 맞았다.

"고객님, 오셨습니까?"

"감사합니다. 감사해요. 덕분에 내가 큰돈을 벌게 되었어요."

"아니, 왜 그러시는데요?"

"그 A사 말이에요. 두 배도 넘게 뛰었어요."

옆 창구에서 언쟁을 벌이고 있던 중년의 신사와 그의 상담사가 동시에 이쪽을 바라보며 중얼거렸다.

"두 배가 뛰었다고? 그 별 볼 일 없던 A사가 말이야?"

뜻밖의 결과에 한 투자자는 웃고 한 투자자는 울상이 되었다. 좋은 기회를 잡은 사람에게는 큰 기회가 열렸고, 그 기회를 놓쳐 버린 사람은 안타까움에 치를 떨었다. 그 순간의 선택을 가른 사람은 바로 대학을 갓 졸업한 젊은 주식 중개인이었다. 새파랗게 젊기만 해서 주식에 대해 뭘 알겠냐며 사람들은 수군댔지만 그는 보통 사람은 흉내 낼 수도 없는 투자가의 육감을 가지고 있었던 것이다.

그의 이름은 바로 워런 버핏이었다. 그는 처음부터 잘나가는 주식 중개인은 아니었다. 대학을 졸업하고 고향으로 내려와 아버지의 주식 중개 회사인 '버핏 포크 앤드 컴퍼니'에서 주식 중개인으로 일을 한참 배워 나갈 때 그는 그다지 주목받지 못하는 주식 중개인에 불과했다. 사람들은 그의 의견을 신뢰하지 않았다. 컬럼비아 대학의 석사 출신인 버핏은 주식 중개를 하기에는 너무 젊은 데다 그의 주식에 대한 판단 또한 평범하지 않았기 때문이다. 그는 '게이코'와 같은, 아무도 이름조차 기억하지 못하는 회사를 고객들에게 추천하곤 했다.

"게이코? 그런 회사도 있소?"

고객들은 이렇게 반문하면서 엉뚱한 제안을 하는 워런을 미심쩍어했다. 하지만 그가 제안한 회사는 시간이 지날수록 꾸준히 성장했고, 마침내 큰 폭으로 주가가 상승하기를 반복했다. 그제야 고객들은 젊은 주식 중개인 워런 버핏을 주목하며 그의 진가를 알아보기 시작했다.

아무도 알아주지 않던 스물네 살의 젊은이는 그로부터 불과 8년

후에 자신이 목표로 했던 '백만장자'가 되고, 그로부터 다시 30년
이 흐른 후에는 미국 최고의 부자로 선정되고, 다시 15년이 흐른
후에는 세계 최고의 부자로 기록을 남기게 되어 21세기 최고의 투
자자로 불리게 된다.

젊은 시절 그의 눈은 항상 반짝반짝 빛이 났다. 허름한 옷차림,
덤덤한 말투, 어디 하나 사람들 눈을 확 휘어잡을 카리스마 넘치는
용모는 찾아볼 수 없었지만 그의 눈빛 하나만큼은 광채가 있었다.
사람들은 그를 잘 몰라봤지만 그의 온몸에는 자금의 흐름을 느끼
는 더듬이가 있었고 그의 눈은 숫자만을 좇고 있었다.

워런이 숫자에 남다른 감을 보이기 시작한 것은 아주 오래전부
터였다. 어린 워런은 열 살도 되기 전에 아빠 사무실의 아래층에 있
는 주식 중개장에 처음 나가 보았다. 그리고 주식 중개장에서 현란
하게 변화하는 숫자들의 세계에 압도당했다. 한참 공을 차거나 아
이들과 어울리기를 즐길 어린 나이임에도 불구하고 워런은 하루
종일 주식 중개장에 앉아서 숫자들의 변화를 관찰하곤 했다.

"오르고 있네. 며칠 동안 계속 제자리걸음만 했는데……."

"저 회사는 수치가 내려가고 있잖아. 왜 그러지?"

그 숫자들의 변화에는 어떤 흐름이 있었다. 그 흐름이 꼬마의 눈
에 보이기 시작했다. 하루는 한 남자가 어린 워런에게 물었다.

“꼬마야, 너는 뭐가 그렇게 재미있냐? 내가 보니까 너는 매일 여기 나와서 싱글벙글하며 화면만 쳐다보고 있구나.”

“숫자 흐름이 재미있어서 그래요.”

“숫자 흐름이?”

“이거 보세요. 저 회사는요, 사흘 동안 내려갔는데요, 며칠 지나면 다시 오를 거예요. 제가 표를 만들면서 봤는데요. 며칠 오른 후에는 반드시 다시 떨어지더라고요. 그리고 떨어졌던 것도 언젠가는 다시 오르고요.”

꼬마는 자기가 나름대로 메모를 해 놓은 것을 보여 주며 말했다. 남자는 꼬마가 귀엽다는 듯 물었다.

“그러냐? 그럼 이 아저씨가 말이야, 며칠 전에 F사 주식을 하나 샀는데 이걸 팔아야 하겠냐, 가지고 있어야 하겠냐?”

“그 회사는 저도 며칠 동안 지켜봤는데요. 며칠 동안 떨어졌으니 다시 오를 때가 된 거 같아요.”

“그래? 밑져야 본전이라 생각하고 한번 가지고 있어 보마.”

남자는 반신반의하며 굳이 꼭 팔아야겠다는 확신이 없는 터라 파는 것을 조금 미루기로 했다. 그 며칠 후 어린 워런은 여전히 주식 중개장에 나와서 숫자 놀이를 하고 있었다. 그런데 며칠 전 대화를 나누었던 아저씨가 달려 들어왔다.

“꼬마야, 꼬마야. 역시 있었구나. 내가 네 말을 듣고 주식을 팔지 않았는데 네가 말한 대로 정말 주식이 올랐다! 네 덕분에 내가 돈을 벌었구나.”

“그거 보세요. 헤헤!”

어린 워런은 눈을 반짝이며 웃었다. 주변 사람들의 시선이 워런에게 집중되었다. 젊은 사람부터 나이 든 노신사까지 모두 자신의 돈을 투자하며 불안한 마음으로 주가 추이를 지켜보고 있는 사람들이었기 때문이다. 그들은 꼬마에게 다가와 저마다 궁금한 것을 묻기 시작했다.

이렇게 어릴 때부터 주식 중개장에 나와서 날마다 숫자 놀이를 하던 꼬마가 자라서 경영대학을 나와 주식 중개 회사에 취직하여 주식 중개 일을 하게 된 것이다. 그리고 처음에는 엉뚱한 투자 제안으로 고객들의 원성을 사기도 했지만 그의 투자 감각이 빛을 발하기 시작하는 때가 서서히 다가왔다.

워런 앞에 바로 A사에 투자한 남자가 큰 은혜를 입은 사람처럼 흥분하여 감사의 인사를 하며 서 있었다.

“두 배, 아니 세 배도 가깝게 뛰었다고요! 워런 씨 말을 듣고 A사에 투자하기를 정말 잘했습니다. 자, 말해 보십시오. 이제 워런 씨 말대로 다 할 테니. 이 주식을 지금 팔까요?”

워런은 웃으며 대답했다.

“아닙니다. 조금 더 기다려 보시지요.”

다음 날도 그 남자가 워런을 찾아왔다.

“오를 만큼 올랐는데 이젠 팔까요?”

“아직은 때가 아닙니다. 조금만 더 기다리세요.”

그다음 날도 그 남자가 워런을 찾아왔다.

“세 배도 넘게 올랐어요. 이제는 네 배가 가까워지고 있어요. 이제 팔까요?”

“조금만 더 기다리세요. 더 오를 것으로 보입니다.”

그렇게 날이 흐르는 사이 A사의 주가는 계속해서 올라갔다. 얼마 후 남자가 또 워런을 찾아왔다.

“워런 씨, 어떻게 할까요?”

“고객님, 어서 오십시오. 잘 오셨어요.”

워런 역시 기다리고 있었다는 듯이 서두르며 그를 맞이했다.

“고객님! 바로 오늘이에요. 지금 당장 팔아 버리십시오. 곧 하락세로 들어갈 것 같습니다.”

“네! 워런 씨. 그 말을 기다렸어요. 오늘 다 팔아 버리겠소!”

남자는 환호성을 지르며 네 배도 넘게 오른 자신의 주식을 모두 팔아서 큰 이익을 남겼다. 그리고 워런의 예언대로 하루 이틀 후에는 그 A사의 주식이 하향세로 접어들었다.

“감사합니다. 워런 씨! 정말 감사합니다! 덕분에 큰돈을 벌었습니다!”

워런 버핏의 남다른 필(feel)은 어디서 오는가?

워런 버핏의 주변 사람들은 그의 곁에 있게 되었다는 우연한 사실만으로 큰 부자가 되었다. 그들은 모두 말한다.

"우리가 워런의 곁에 있었다는 것은 그저 행운이라고밖에 표현할 길이 없어요. 그건 정말 행운이었죠. 워런을 만나지 않았다면 나는 아직 부자의 문턱에도 가지 못한 평범한 사람이었을 겁니다."

워런 버핏은 시련을 통해 배우는 스타일은 아니었다. 물론 그에게도 시련이 있고 실패도 있긴 했다. 그리고 그런 과정을 통해 많은 것을 새기고 배우고 성장해 나가기도 했다. 하지만 보통의 다른 사람들의 경우에 비한다면 그는 시련도 실패도 적게 겪었다. 굳이 따지자면 그의 성공은 좌충우돌 몸으로 부딪치며 시련을 이겨 나가는 역동적인 삶에서 나왔다기보다는 지극히 집요하면서도 정확한 투자 감각에서 나왔다고 볼 수 있다. 그는 승률 100%에 가까운 게임을 늘 치러 온 셈이다.

워런 버핏은 승산이 없는 일에는 투자하지 않았다.

워런에게는 남들이 가지지 못한 남다른 투자 감각이 있었다. 그 필이 그로 하여금 항상 이기는 게임을 하도록 만들어 주었다. 워런 버핏의 신기에 가까운 승률은 어디서 오는 것일까? 즉, 그가 누구보다 빨리, 그리고 정확하게 목표 지점에 도달하게 만들어 준 '남다른 필'은 어디서 오는 것일까?

첫째, 분명한 목표 설정이 있었다.

워런 버핏은 어릴 때부터 숫자를 좋아했고 돈 버는 일을 놀이처럼 즐겼다. 그리고 유년 시절에 이미 백만장자가 되겠다는 자신의 목표를 확고하게 설정했다. 그 후로는 그 목표만을 향해 돌진해 나갔다. 그러니 그의 역량과 재주는 그 목표를 향해 몰입될 수 있었다. 어릴 때부터 백만장자가 되겠다는 목표에 초점을 맞추고 방향 조절을 하고 가지치기를 할 수 있었던 것이다. 꿈을 이룰 수 있는 승률은 당연히 높아질 수밖에 없다.

둘째, 목표를 꿈꾸기만 한 것이 아니라 철저하게 '행동'했다.

워런 버핏에게는 행동 파워가 있었다. 백만장자가 되겠다는 꿈을 그저 가슴에 품고만 있었던 게 아니었다. 어릴 때 껌을 팔고 콜라를 팔면서 이익을 남겼다. 그리고 야구경기장에서 팝콘을 팔거나 신문 배달을 했다. 그리고 일찌감치 주식 투자에 손을 댔다. 그가 돈벌이를 한 것은 단순히 용돈을 벌기 위해서가 아니었다. 그는 오직 돈을 버는 행위를 배우기 위해 돈 버는 일이라면 무엇이든지 경험했다. 일종의 스스로 만들어 낸 체험 학습이었다. 용돈을 벌어서 간식을 사 먹거나 친구들과 어울리기 위해서가 아니었다. 그는 순수하게 돈을 모으기 위해서 돈을 벌었다.

셋째, 철저한 학습과 독서를 통해 자신만의 감각을 길렀다.

워런 버핏은 독서광이었다. 그리고 그의 투자 파트너인 찰리 멍거역시 독서광이었다. 독서광들이 모여서 서로 의논하고 투자를 결정하고, 그리고 행동에 옮기고 있는 것이다. 그는 독서를 통해 영감을 얻고 사회를 보는 눈을 기르고 자신만의 판단력을 길렀다. 그가 자신의 꿈을 새롭게 확신하게 된 것 역시 책을 읽는 과정에서였다.

처음에는 그도 공부가 돈 버는 일에 도움이 되겠는가, 하는 의구심이 있었다. 그래서 대학 진학에 대해서도 회의적이었다. 아버지의 완강한 주장으로 하는 수 없이 대학에 들어가서도 그다지 흥미를 붙이지 못하던 그였지만 대학을 졸업할 즈음에는 생각이 바뀌어 있었다.

"공부를 더 해야겠어. 백만장자가 되기 위해서는 경제에 대해, 경영에 대해 더 많이 배워야 해!"

그것이 청년 워런 버핏의 생각이었다. 그는 대학원에 진학해서 경제에 대해 깊이 공부했다. 그것으로 끝이 아니었다. 그의 공부는 평생에 걸쳐 계속되었다. 그리고 그런 폭넓은 독서와 공부가 그의 남다른 필이 되어 항상 그의 승률을 높여 주는 든든한 밑거름이 되었던 것이다.

축구공이 아니라 '파이어 볼'을 날리는 소년

난 다른 아이들하고는 달라! 아주 특별하거든!

어린 시절 워런 버핏의 놀이터는 할아버지의 가게였다. 워런은 대대로 상인의 집안이었는데 할아버지는 오마하에서 '버핏 앤드 선'이라는 제법 큰 식료품 마켓을 운영하고 있었다. 어린 워런은 하루도 빠짐없이 그곳에 가서 놀았다. 다른 할아버지 같았으면 놀러 오는 손자에게 간식거리를 거저 주곤 했겠지만 워런의 할아버지는 남달랐다. 워런의 할아버지는 철두철미한 상인 정신을 가진 인물이었다. 할아버지는 늘 이렇게 말했다.

"워런, 세상에 공짜는 없다. 네가 먹고 싶은 게 있으면 네 돈을 내고 사는 거다. 알았지?"

워런 역시 다른 꼬마들하고는 달랐다. 가게에 있는 먹음직스러운 간식에는 별다른 관심이 없었다. 워런이 할아버지 가게에 자주 나가 노는 이유는 그곳에서 물건을 사고파는 사람들을 지켜보는 재미 때문이었다.

그런데 하루는 워런이 할아버지 가게에 찾아와 이렇게 말했다.

"할아버지, 껌을 종류별로 좀 주세요."

"돈은 준비해 왔겠지?"

"그럼요. 여기 있어요."

워런은 주머니에서 동전들을 꺼내어 와르르 쏟아 냈다.

"껌을 이렇게 많이 사서 어디에 쓰려고 하는 거냐?"

할아버지가 물었다.

"저도 할아버지처럼 장사를 해 보고 싶어요."

"장사라고?"

워런의 눈이 반짝반짝 빛이 났다. 할아버지는 그런 워런을 흐뭇하게 바라보았다.

"그럼, 그래야 내 손자지!"

워런은 할아버지의 가게에서 산 다섯 종류의 껌들을 이모에게서 얻은 초록색 상자에 담았다. 초록색 상자는 다섯 개의 칸으로 나뉘어 있어서 껌을 넣어서 다니기에 적당했다. 거리에 나온 워런은 전혀 망설임도 없이 외치기 시작했다.

"껌 사세요. 껌이오! 종류별로 다 있어요!"

이 골목 저 골목을 다니며 외치는 워런은 아직 초등학교도 들어가지 않은 어린애였지만 자기가 좋아하는 장사에 도전하느라 누구보다도 당찬 목소리로 외칠 수 있었다.

"껌이 왔어요! 주시프루츠도 있고, 스피어민트 껌도 있어요!"

제법 많은 사람이 관심을 보였다. 사람들은 입이 심심하지만 마켓까지는 가기 귀찮던 차에 껌을 사라고 외치는 꼬마가 반가웠다.

"꼬마야, 껌 얼마니?"

"마켓보다는 1센트 비싸요."

"그건 왜 그러니?"

"가게까지 가지 않아도 되니까요."

"히야, 그건 그렇군. 요 녀석 장사 아주 잘하는데."

사람들은 기꺼이 1센트를 더 내고 껌을 샀다. 가게까지 다녀오는 불편을 감수하지 않는 대신 1센트쯤이야 그리 부담스러운 금액은 아니었기 때문이다. 워런의 껌은 날개 돋친 듯이 팔려 나갔고, 초록색 상자는 금세 텅 비어 버렸다.

워런은 점점 더 신이 났다.

"와, 나도 장사를 할 수 있구나. 돈을 벌 수 있다고. 할아버지처럼 물건을 팔고 이윤을 남길 수 있는 거야!"

워런은 다른 아이들처럼 공놀이를 하거나 간식을 먹는 일을 소

일거리로 삼지 않았다. 워런에게는 뭔가 남다른 에너지가 가득 차 있었고, 그 에너지를 발산하기 위해 워런은 잠시도 가만히 있지 않고 자신만의 재미를 찾아 눈을 반짝였다.

내 안에는 파이어 볼이 들어 있대

'돈을 더 벌 수 있는 방법은 없을까?'

워런은 항상 이런 생각을 했다. 껌을 파는 것보다 더 많은 이윤을 남길 수 있는 방법이 어딘가에 있을 게 틀림없었다. 워런은 할아버지 가게를 오가며 더 많은 궁리를 하다가 음료수를 주목했다. 껌보다 음료수가 더 비싼 제품이었고, 껌을 파는 것보다 음료수를 팔면 더 많은 이윤을 남길 수가 있을 것 같았다. 그렇다고 워런이 무턱대고 음료수를 팔기 시작한 것은 아니었다. 워런은 마을 곳곳을 돌아다니며 음료수 병뚜껑을 모으기 시작했다. 워런의 방은 며칠 사이에 다른 사람들이 길바닥에 버린 지저분한 음료수 병뚜껑으로 가득 차 버렸다.

"어떤 음료수가 가장 많이 팔렸지? 그것을 알아내야 해. 무작정 파는 것보다는 사람들이 가장 좋아하는 음료수를 팔면 더 잘 팔릴 테니까."

그렇게 조사해 본 결과 거리에서 주워 온 병뚜껑 중에 가장 수가 많은 것은 콜라였다. 그래서 워런은 이번에는 껌 대신 콜라를 팔아

보기로 했다. 사람들은 거리를 다니다 콜라를 든 소년을 발견하고
는 너도나도 콜라 한 병씩을 샀다. 워런은 껌을 팔 때보다 더 많은
이윤을 남길 수 있었다.

"우와, 이거 너무 재미있는걸."

워런의 서랍 안에는 껌과 콜라를 팔아서 남긴 동전들이 수두룩
하게 쌓여 갔다. 그러나 정작 워런은 자기가 번 돈이나 아니면 부모
에게 받은 용돈을 쉽게 쓰는 법이 없었다. 워런은 돈을 쓰는 것보다
는 모으는 것을 좋아했다. 그것은 워런에게 있어서 그 어떤 놀이보
다도 즐거운 자신만의 놀이였다.

때로는 주변 사람들조차 그런 워런을 쉽게 이해할 수 없었다. 특
히 워런의 엄마가 그러했다.

"도대체 워런은 어떻게 된 아이인지 모르겠어요. 하는 짓이 너무
엉뚱하잖아요."

워런의 엄마는 자기 아들을 이해하지 못했지만 워런의 아빠는
달랐다. 아빠는 이렇게 말하곤 했다.

"워런은 불덩어리 같은 아이야. 걱정하지 말라고. 다른 평범한
아이들하고 조금 다를 뿐이지. 크게 될 녀석이라니까!"

엄마는 다소 신경질적이고 즉흥적인 성격이어서 마음에 들지 않
으면 잔소리해 대거나 심하게 화내곤 했다. 그래서 유머 감각이 있
고 따뜻한 성품의 소유자인 워런은 엄마하고는 잘 맞지 않았다. 아

빠는 신경질적인 엄마와 워런 사이의 완충지대와도 같았다. 상인의 가문에서 태어나고 자란 워런의 아빠 역시 워런의 할아버지와 마찬가지로 상인 정신을 가지고 있었고 주식 중개상으로서 사업을 하고 있었기 때문에 남다른 시각으로 아들의 특징을 바라볼 수 있었다. 워런은 어릴 때부터 엄마보다 아빠를 좋아하고 또 존경했다.

아들이 껌을 판 것을 자랑할 때도 콜라를 판 것을 자랑할 때도 엄마는 아들을 이해하지 못했지만 아빠는 아들만큼 들떠서 아들을 칭찬하곤 했다.

"요 불덩어리 같은 녀석! 정말 잘했어, 워런. 우리 아들은 천재야, 천재. 네 안에는 파이어 볼이 들어 있어. 그것을 잊지 마라. 너는 다른 애들과는 달라. 너만의 큰 꿈을 꼭 찾아라! 알았지, 워런?"

심지어 워런은 가족들과 아이오와에 있는 오코보지 호수로 여행을 갔을 때에도 그곳에서 장사를 했다. 모래사장에서 일광욕을 하는 사람들에게는 갈증을 해소할 음료수가 필요했지만 그것을 사러 가기는 쉽지 않은 상황이었다. 그런 기회를 워런이 놓칠 리 없었다. 워런은 모래사장에 나와 일광욕을 하는 사람들에게 콜라를 판 것이다.

워런의 가슴에는 강한 열망이 자라고 있었다. 어린 워런은 아직 잘 몰랐지만 그의 안에는 세계 최고의 갑부이자 투자가가 될 자질이 벌써부터 싹트고 있었던 것이다. 할아버지 상점에서 물건을 사

고파는 사람들을 관찰하는 것을 즐기던 꼬마, 머뭇거리거나 다른
사람의 시선을 의식하지도 않고 거리로 달려 나가 껌을 사라고 콜
라를 사라고 외치던 당찬 아이, 거리의 음료수 병뚜껑을 모아 어떤
음료수가 가장 많이 팔리는지 집요하게 관찰하고 분석하던 아이.
그 어린 시절의 모든 움직임은 워런 안에 있는 부를 향한 기질들이
이미 움직이기 시작한 증거였다.

워런 버핏이 알려 주는 경제 상식

워런은 초창기에 주식 투자를 통해 돈을 모았다. 젊은 시절 결혼한 후에도 좋은 집을 구하기보다는 검소한 집에서 생활하면서 절약한 돈을 투자 자금으로 활용하곤 했다. 가정의 인테리어를 화려하게 하는 것도 좋아하지 않았고, 술도 마시지 않았고, 좋은 옷도 사 입지 않았으며, 파티도 좋아하지 않았다. 그의 모든 관심은 오직 주식 투자였다. 도대체 워런 버핏이 투자한 주식이란 무엇일까?

주식이란?

기업은 제품이나 물건을 만들어서 판매를 하고 그 수익으로 돈을 번다. 그런데 회사를 운영하기 위해서는 사무실도 구해야 하고, 직원들 월급도 주어야 하고, 각종 기자재를 갖추어야 하고, 물건을 만들 공장을 짓거나 신제품을 개발하기 위한 연구를 진행할 필요도 있다. 이 모든 일에 돈, 자금이 들어간다.

기업은 자금을 마련하기 위해 종이로 된 '주식(株式)'이라는 것을 발행하는 것이다. 이 주식은 주식회사의 자본을 이루는 단위가 된다. 주주는 주식회사가 발행한 주식을 사고, 주식회사는 주식을 팔아서 자본을 얻게 되는 것이다. 회사의 주식을 산 사람은 그 회사에 대한 권리를 갖게 된다. 주식은 한 사람이 여러 개를 가질 수도 있는데, 가장 많은 주식을 가진 사람의 권리가 가장 크기 때문에 그 사람이 회사의 경영권을 갖게 되는 것이다.

주가란?

주가란 주식의 가격을 말한다. 주식은 기업이 소비자들에게 판매하기 위한 것이기 때문에 가격이 형성된다. 주식에도 가격이 붙는 것이다.

그런데 주식의 가격인 주가는 수시로 오르고 내리고를 반복하게 된다. 기업의 가치나 인기가 올라가면 주식의 가격도 급상승하고, 기업의 경영 상태가 악화되거나 기업의 이미지나 인기가 떨어지면 주식의 가격도 떨어지게 된다.

눈을 떠도 눈을 감아도 숫자만 보여

한 번 본 숫자는 절대로 잊지 않아

숫자에 밝은 것은 여러 CEO나 경제인들에게서 볼 수 있는 공통적인 특징이다. 삼성그룹을 창업한 이병철 전 회장 역시 어린 시절 다른 학업 성적은 좋지 않았지만 수학만큼은 탁월함을 보였다. 숫자를 기억하고 숫자의 흐름을 순식간에 간파하는 이병철 회장 때문에 회의 때마다 임원들은 초긴장을 했다고 전해진다.

워런 버핏 역시 마찬가지였다. 워런은 어려서부터 숫자에 재주를 보였는데, 처음에는 숫자를 이용한 놀이를 즐기다가 점점 갈수록 숫자를 통째로 외워 버렸고, 더 나아가 숫자들 사이의 흐름을 파악하는 통찰력을 보였다.

워런은 이미 유치원 시절부터 숫자에 지대한 관심을 보였다. 할아버지 가게에서 가격이나 거스름돈을 계산하며 놀던 것 역시 숫자에 대한 관심에서 비롯된 부분이다. 그런 워런의 눈에 들어온 것이 바로 스톱워치(stopwatch, 초시계)였다. 분, 초까지 정교하게 시간을 잴 수 있는 스톱워치는 숫자에 매료된 어린 사내아이가 가지고 놀기에 딱 안성맞춤이었다. 워런은 고모에게 졸라 아스파라거스를 먹는 대신 스톱워치를 얻어 냈다.

워런은 모든 것을 스톱워치로 시간을 재기 시작했다. 누나 도리스가 화장실에 들어갔다 나오는 데 걸리는 시간도 재고, 창밖을 보면서 사람들이 이 상점에서 저 상점까지 옮기는 데 걸리는 시간도 쟀다. 급기야는 욕조에 물을 가득 받아 놓고 공깃돌을 여러 개 떨어뜨리며 시간을 재는 놀이를 했다.

"우와! 오늘의 우승자는 1번 공깃돌입니다!"

박수를 치며 마치 진짜 육상 경기를 해설하는 듯 흥분하는 워런의 모습을 보던 누나가 빈정대었다.

"워런, 소리 좀 지르지 마. 시끄럽다고. 그리고 넌 이게 재밌니? 지루하기만 하다."

결국 누나는 여동생을 데리고 나가 버리고 워런은 혼자 남기 일쑤였다. 하지만 스톱워치와 숫자가 있는 한 워런은 지루하지 않았다. 누나 도리스는 아직 알지 못했다. 동생 워런의 숫자 놀이가 먼

훗날 자신과 지인들을 부자로 만들어 주리라는 것을 말이다.

숫자 놀이를 즐기던 워런은 초등학교에 들어가서도 마찬가지였다. 워런은 친구들을 사귀자마자 숫자 놀이를 했다. 예를 들어 지나가는 차들의 번호판을 적으며 놀거나, 친구가 달력에 나오는 도시들의 이름을 읽어 주면 워런이 그 도시의 인구수를 정확히 외워서 말하는 놀이를 하곤 했다. 보통 사람의 경우 숫자를 외우는 것은 글자를 외우는 것보다 훨씬 어려운 일이지만 워런의 경우는 그렇지 않았다. 일의 자리까지 정확히 외우는 워런을 보고 친구들은 혀를 내두르곤 했다.

"넌 도대체 어떻게 이 숫자들을 한 번 보고 다 외울 수 있냐? 신기하다, 신기해!"

워런은 마치 사진을 찍어 뇌에 보관하듯이 한 치의 오차도 없이 숫자를 기억해 버렸기 때문이다.

워런의 숫자에 대한 소질은 엄마에게서 물려받은 바가 컸다. 워런의 엄마 레일라는 대학에서 수학에 남다른 재주를 보였다.

"엄마는 대학을 다니다 말고 아빠와 결혼했는데 말이야. 미적분 교수가 실망해서 들고 있던 책을 내동댕이쳤다지 뭐냐?"

그만큼 엄마 레일라는 수학을 연구하거나 사회생활을 하지는 않았지만 타고난 수학적 감각이 탁월했다. 워런은 엄마의 본능적인 수학적 감각을 닮은 데다 주식 중개 일을 하는 아빠로부터 주가, 즉

수치가 움직이는 변화에 대한 것을 일찍부터 보고 배울 수 있었던 것이다.

점점 내 꿈에 가까워지고 있어!

일곱 살 때 워런은 열병에 걸린 적이 있었다. 담당 의사가 심각하게 말했다.

"열이 내리지 않을 경우 위험할 수도 있습니다."

워런의 엄마와 아빠는 의사의 말을 듣고 깊은 충격에 휩싸였다. 워런은 거의 의식이 없는 상태로 누워 있었지만 어렴풋이 의사의 말을 들을 수 있었다.

'내가 죽을지도 모른다고? 이대로 죽을 수는 없어…….'

어린 나이였지만 워런은 죽음의 공포를 느끼며 삶에 대한 애착과 미련을 절감했다. 그 순간에도 그의 마음을 가장 안타깝게 하는 것은 바로 돈이었다.

'내 책상 서랍 속에 모아 놓은 동전들은 어떻게 되는 거지? 껌을 팔고 남긴 이윤, 콜라를 팔아 남긴 이윤…… 그것들 말이야.'

워런은 열병에 시달리며 침대에 누워 있으면서도 계속해서 머릿속으로 뭔가를 계산했다. 만약 병이 다 나아서 콜라를 팔 수 있다면 돈을 얼마나 더 벌 수 있을지 상상해 보았다. 한 달에 벌 수 있는 돈을 먼저 가늠해 보고, 그것을 일 년 치로 합해 보았다. 그리고 다시 일 년 치를 10년 치로 환산해 보았다.

'아! 부자가 되기 전에는 죽을 수 없어……. 난 부자가 되고 싶다고…….'

마침내 워런은 열병을 이겨 내고 다시 건강을 회복했다. 하지만 침대에 누워서 경험한 죽음의 공포는 워런의 가슴에 오래도록 선명한 기억을 남겼다. 또한 침대 위에 누워서 계산해 본 기억들도 워런은 오래도록 간직했다.

여덟 살이 된 워런은 더욱 숫자에 집착했다. 단순히 숫자를 기억하는 데 그치지 않고 숫자들 사이의 연관성을 찾거나 종류별로 분류하기를 즐겼다. 워런이 음료수 병뚜껑을 모아 분류한 것도 바로 그러한 성향에서 나온 것이었다. 워런은 숫자 사이에 숨어 있는 의미를 읽을 줄 알았다. 음료수 병뚜껑을 종류별로 분류한 다음 어떤 음료수가 가장 많이 팔리는가 하는 실질적인 정보를 끌어냈다. 숫자는 분류하고 통계를 내면 중요한 정보를 제공해 주는 마력적인 세계였다.

워런은 열 살이 다 되어 갈 무렵 보다 본격적으로 자기 정체성을 드러내기 시작했다. 친구 스튜와 함께 골프장에서 중고 골프공을 파는 일을 한 것이다. 또래 친구들로서는 엄두를 내지 못할 일이었지만 현금을 모으고 싶은 열망에 사로잡힌 워런이 친구 스튜를 설득하여 골프공 판매에 나선 것이다. 하지만 아이들이 골프장에서 중고 골프공을 팔고 있다는 소문이 나는 바람에 그 일을 오래 하지는 못했다.

골프공을 팔 수 있는 길이 막힌 워런은 이번에는 미식축구 경기장에서 땅콩과 팝콘을 파는 일에 도전했다. 경기장에 땅콩과 팝콘을 파는 일자리를 구하기 위해 워런은 아는 아저씨를 집요하게 졸랐고 어렵게 그 기회를 얻어 냈다. 어렵게 얻어 낸 돈 버는 기회를 놓치지 않기 위해 워런은 미식축구 응원 소리보다도 더 크게 목청을 높였다.

"땅콩이랑 팝콘 사세요. 단돈 5센트! 땅콩이랑 팝콘이 왔어요!"

워런은 어렵게 번 돈을 자신의 책상 서랍 안에 고이 모셔 두었다. 책상 서랍 안에는 워런이 여섯 살이 되었을 때 아빠가 기념으로 준 20달러와 껌을 팔아 번 돈, 콜라를 팔아 번 돈이 고이 보관되어 있었다. 그 비밀 금고에 땅콩과 팝콘을 팔아 받은 돈을 다시 추가한 것이다.

"우와, 돈이 조금씩 늘어가고 있어. 내가 번 돈이 말이야."

어린 소년의 눈은 희망과 성취감으로 반짝반짝 빛이 났다. 이러한 워런의 독특한 성향은 워런으로 하여금 자신에 대한 정체성을 더욱 분명하게 깨닫도록 했다. 분명하게 설명할 수는 없었지만 워런은 분명 숫자와 돈을 버는 것에 관계되는 일을 하게 될 것이라는 것을 워런 자신도 워런의 아빠도 어렴풋이 감지하고 있었다.

아직 분명하게 정체를 드러내지는 않았지만 워런만의 꿈이 점점
더 워런의 가슴에 새겨지고 있었다.

나는 서른다섯 살에 백만장자가 될 거야

아빠 책을 읽고 아빠 회사에서 놀고

워런 버핏의 또 다른 놀이 공간은 바로 아빠의 서재와 사무실이었다. 워런은 자신이 하고 싶은 일이 분명했고 자신이 흥미를 느끼는 분야에 대해 열정을 보였다. 그래서 워런이 주목한 또 다른 놀이터는 바로 아빠의 서재와 아빠의 회사가 되었다.

숫자 놀이를 좋아하고 그 숫자의 흐름을 관찰하는 것에 흥미를 느끼는 워런으로서는 주식에 대한 책이 정말 재미있었다. 워런은 그냥 눈으로만 책을 보는 것이 아니라 그 안에 담긴 숫자의 원리들에 끊임없이 호기심을 가졌다.

"이것들을 한눈에 볼 수 있는 방법이 없을까?"

워런은 책을 읽다가도 그 내용을 한눈에 볼 수 있도록 표로 만들거나 그래프로 그려 보기를 좋아했다. 그렇게 한 번 정리를 하고 나면 숫자의 흐름이 더욱 분명하게 보였고, 또 이후의 숫자의 변화에 대해서도 막연하게나마 예측이 가능해졌다.

"숫자들이 보여. 숫자가 막 움직이고 있다니까. 우와, 정말 신기해!"

워런에게 숫자는 살아 있는 세계였다. 그것도 마법으로 가득 찬 신기하고 재미있는 세계였다. 그 세계에 푹 빠져 있으면 시간 가는 줄도 몰랐고, 내용이 딱딱하고 어려운 아빠의 책도 재미있는 만화책처럼 느껴졌다.

워런의 숫자에 대한 호기심은 거기서 그치지 않았다. 워런은 현장을 직접 보기를 원했다.

"아빠, 사무실 구경을 하고 싶어요."

워런의 아버지 하워드의 회사는 오마하 지역 내셔널 뱅크 빌딩 안에 있는 '버핏 앤드 컴퍼니'였다. 평소 아들의 남다른 재주를 인정하고 있던 하워드는 워런의 말을 철없이 조르는 말로 치부하지 않았다.

"좋아, 워런. 너에게 좋은 공부가 될 것 같구나."

버핏 앤드 컴퍼니를 직접 방문한 경험은 워런에게 신선한 자극제가 되었다. 그곳에는 집의 서재보다 더 많은 책과 자료들이 있었다. 특히 그의 눈길을 끄는 책이 있었다. 그것은 벤저민 그레이엄의

『증권 분석』이라는 책이었다.

집의 서재에서 한동안 주식에 관련된 책을 탐독한 워런은 단번에 그 책에 마음을 빼앗겼다.

또 워런은 사무실에서 책을 읽다가 두 층 아래로 내려가 보곤 했다. 두 층 아래에서도 워런의 마음을 단숨에 사로잡는 마법의 세계가 펼쳐지고 있었다. 그곳은 바로 '해리스 업햄 앤드 컴퍼니'라는 지역의 주식 거래 중개 회사의 객장이었다. 그곳에는 수많은 사람이 앉아서 주가가 어떻게 변하는지 무한한 숫자들의 현란한 변화에 주목하고 있었다.

워런은 그 사람들 사이에 앉아서 주식 시장 증권 시세 표시기에 나타나는 숫자들을 지켜보느라 시간 가는 줄 몰랐다. 처음에는 그저 숫자들을 지켜보기만 했지만 시간이 지날수록 숫자들의 변화를 나름대로 기억하고 또 메모하면서 숫자들이 어떻게 변화할지 미리 예측해 보기도 했다. 그리고 버핏의 예측은 제법 맞아떨어지곤 했다.

드디어 내 꿈을 찾았어!

'어떻게 하면 돈을 벌 수 있을까?'

그 생각에 골몰하던 소년은 어느 날 벤슨 도서관에 가서 돈을 버는 방법에 대해 알려 주는 책이 있는지 찾아보았다. 그런 워런의 눈에 확 들어오는 책 한 권이 있었다.

“『1000달러를 버는 1000가지 방법』이라고?”

그것이야말로 워런이 찾던 책이었다. 워런은 즉시 그 책을 독파해 나갔고 그 안에서 ‘복리’라는 개념을 알게 되었다.

“복리라고? 적은 돈이라도 이자가 붙고 또 이자에 대한 이자가 다시 붙어서…… 오랜 시간 동안 계속 늘어나면 아주 큰돈이 될 수 있다. 바로 이거야!”

워런은 마치 커다란 보물 창고를 발견한 듯한 기분이었다. 어떻게 하면 돈을 벌 수 있을까, 그 생각에 골몰하고 있던 그가 해답을 찾은 셈이었다. 워런은 이제 분명한 목표가 보이기 시작했다. 그리고 그는 자신의 가슴에 선명하게 떠오르는 목표를 놓쳐 버리지 않도록 두 손으로 꼭 쥐었다.

“그래. 이 책에서 가르쳐 주는 대로 하면 나는 서른다섯 살쯤에 백만장자가 될 수 있어!”

워런은 친구에게 이렇게 선언했다.

“나는 서른다섯 살에 백만장자가 될 거야.”

워런이 이렇게 말했을 때 그 말을 진지하게 받아들이는 친구는 아무도 없었다.

“워런, 네가 숫자를 좋아하는 건 알겠지만 백만장자가 무슨 강아지 이름이냐? 그렇게 쉽게 되게?”

워런 역시 부정하지는 않았다. 결코 쉬운 꿈이 아니라는 것을 잘 알고 있었기 때문이다.

1941년, 워런의 조국인 미국은 지난 10년간 지속된 세계적인 대공황의 늪에서 겨우 빠져나가고 있을 때였다. 1929년부터 미국 경제는 위기를 맞이하여 1930년대 들어서 본격적으로 흔들리기 시작했고, 불경기의 어두움은 점점 깊어만 갔다. 회사들이 도산했고, 실업자들이 넘쳐나게 되었고, 심지어는 은행조차 파산하여 문을 닫는 일이 속출했다.

그렇게 만성적인 공황에 빠져 있던 시절에 어린 소년이 백만장자의 꿈을 선포했다면 그 누구도 믿지 않는 게 당연했다. 하지만 워런은 자신이 무엇이 되고 싶은지를 분명히 알았고, 구체적인 목표를 스스로에게 제시했다.

"가난한 사람들이 너무 많아. 어려운 사람들이 너무 많아. 나는 아무리 경제가 어려워도 이것을 극복하고 반드시 백만장자가 될 거야."

그것은 매우 구체적이고도 명확한 목표였다. 어린 워런은 가슴이 설렜다. 자신이 좋아하는 일이 무엇인지 깨닫는 순간은, 또 그 일을 하겠다고 결심하는 순간은 벅차도록 설레고 의미 있는 순간이었다.

자신의 꿈을 발견한다는 것은 쉬운 일이 아니다. 꿈의 발견은 운명의 영역에 포함된 일로 느껴질 정도로 자신의 꿈을 발견하는 일은 특별한 일이다. 스스로 특별해지는 일이다. 대부분의 사람은 자신의 꿈이 무엇인지도 모른 채 방황만 하다 끝나는 경우가 많고, 또 많은 사람이 진정한 자신의 꿈이 아닌 엉뚱한 환상이 자신의 꿈인 양 착각하고 매달리다가 뒤늦게 그러한 착각에서 벗어나고 지나간 시간을 후회하곤 한다. 많은 청소년이 멋진 인생을 꿈꾸지만 정작 자신이 원하는 꿈이 무엇인지에 대한 고민은 결여되어 있는 경우가 많다.

그런데 워런은 아주 어린 시절에 이미 자신의 적성에 따라 자신의 꿈을 발견했던 것이다. 아니, '정했다'는 표현이 더 맞으리라. 워런은 자신이 무엇을 좋아하는지, 무엇을 잘할 수 있는지 본능적으로 깨달았고 그런 깨달음에 따라 자신의 꿈을 정한 것이다.

'서른다섯 살에 백만장자가 되겠다는 것!'

워런 버핏은 어릴 때부터 자신의 적성과 흥미를 발견할 수 있었고 그런 적성을 잘 살려 자신의 꿈을 정했다. 워런은 자신이 무엇을 좋아하는지, 어떤 일을 할 때 자신이 흥미를 느끼고 성취감을 느끼는지, 그리고 자신이 그 일을 얼마나 잘할 수 있는지 잘 알고 있었다.

소년 시절부터 다양한 방법으로 돈 버는 연습을 하면서도 그는 끊임없이 자신이 잘하는 방법, 자신에게 맞는 방법을 연구했다. 같은 아르바이트나 사업이라도 그는 자신에게 맞지 않다고 판단하면 바로 그만둘 줄 알았다. 그는 끊임없이 자신의 강점과 소질을 분석하고 그것을 살려 나갔다.

워런 버핏은 훗날 세계적인 투자가로 성공하여 최고의 부자의 반열에 오른 후 자신이 운영하는 지주 회사인 버크셔 해서웨이의 주주 총회에서 이렇게 말했다.

"저에게 다른 직업을 선택할 기회가 온다고 하더라도 저는 지금 제가 하고 있는 일을 선택할 겁니다. 제가 하고 있는 일에 대한 열정을 일찍 발견할 수 있었던 것은 저에게 큰 행운이었습니다. 가장 중요한 것은 여러분이 좋아하는 일을 하라는 것입니다."

자신에게 가장 잘 어울리고 적합한 꿈을 발견한 워런은 그 꿈을 향해 달려 나갔고, 그 결과 세계 최고의 부자 반열에 오를 수 있었다. 그는 부자여서 성공한 것이 아니라 자신이 원하는 꿈을 이뤘기에 성공한 것이다.

워런 버핏이 알려 주는 경제 상식

　워런의 어린 시절은 그리 부유한 편이 아니었다. 워런의 가정뿐만 아니라 그 당시 미국의 모든 사람이 경제적 어려움과 싸워야 했다. 세계적인 경제 대공황의 늪에 빠져 있었기 때문이다. 10년 동안 계속된 대공황은 미국 경제를 마비시켜 놓았는데, 공황을 겨우 빠져나올 때쯤 발발한 제2차 세계대전은 공황에 지쳐 있던 미국 경제에 오히려 활력을 불어넣는 계기가 되었다.

대공황

　1929년 미국에서 시작된 사상 최대의 경제 대공황. 1929년 10월 24일 미국 뉴욕 월스트리트의 뉴욕 주식 거래소에서 주가가 대폭락한 데서 발단되었다. 미국에서 비롯되어 독일, 영국, 프랑스 등 세계 각국으로 퍼져 나가 전 세계 경제에 큰 영향을 미쳤다. 1930년대 내내 만성적인 불황의 늪이 계속되었고, 미국 근로자의 30%에 달하는 숫자가 실업자로 전락하고, 자살하거나 걸인이 되는 사람들이 속출했다.

　미국의 32대 대통령인 루즈벨트는 일자리 창출과 경제 공황 극복을 위해 뉴딜 정책을 추진했다. 정부가 적극적으로 경제 활동에 개입해서 경기를 조정해야 한다는 기본 방침 아래, 은행에 대한 정부 통제의 확대, 관리 통화제 도입, 농업 생산 제한제 도입 따위를 시행함으로써 경제를 안정시켜 나갔다.

제2차 세계대전과 미국의 경기 회복

제1차 세계대전(1914년 7월~1918년 11월)이 끝나고 약 10년 동안 미국은 세계에서 가장 부유하고 강한 나라가 되었다. 그러나 그런 번영에는 거품이 끼어 있었다. 1929년 경제 대공황이 시작됨으로써 미국 경제뿐 아니라 세계 경제는 큰 위기를 맞았다. 그러나 이런 경제 대공황도 1930년대 후반부터 기세가 꺾이기 시작하더니 제2차 세계대전(1939년 9월~1945년 8월)이 일어나 군수 물자 생산이 늘어나면서 경기가 회복되기 시작했다. 미국은 제2차 세계대전을 통해 완전히 경기를 회복하고 세계 경제 대국으로서 확실하게 자리매김할 수 있었다.

워런은 그러한 미국 경기의 상승세와 함께하며 자신의 꿈을 빠른 속도로 이루어 나갔다.

행동 파워!
해 보지 않고서는 확신할 수 없다

꿈을 이룰 수 있는 방법을 찾아 직접 해 보다

일단 시작하자, 시작하지 않으면 아무런 결과도 없다

서른다섯 살에 백만장자가 되겠다는 야무진 목표를 세운 워런 버핏. 누가 봐도 그것은 허무맹랑한 꿈이었다. 단 한 사람, 워런 버핏 본인을 제외하고는 말이다. 워런에게는 그 꿈이 너무도 선명하고 가능성이 넘치는 목표였다.

"작은 돈이라도 오랜 시간 동안 불려 나가면 큰돈이 될 수 있다!"

그는 책에서 배운 내용을 철썩같이 믿고 즉시 행동에 옮겼다. 작은 돈이라도 계속해서 모으기 위해서였다. 허송세월을 보내지 않고 계속해서 꿈을 향해 걸어가기 위해서였다.

"가만히 앉아서 꿈이 이뤄지기를 기다리기만 하면 아무것도 이룰 수 없어. 뭐든 행동에 옮겨야 해!"

워런에게는 좋은 기회가 바로 곁에 있었다. 바로 주식 중개업에 종사하는 아빠였다. 이미 워런은 아빠의 회사에도 가 보고, 주식에 관한 아빠의 책들도 탐독한 바 있으며, 주식 중개장에 가서 주가의 변화를 분석하는 등 나름대로 현장 실습도 마친 후였다. 재미 삼아 한 일이었지만 이미 워런은 준비된 어린 투자가였다.

워런은 자신의 결심을 다시금 다진 후 아빠에게 말했다.

"아빠, 나도 주식에 투자해 보고 싶어요."

"주식에 투자하고 싶다고?"

하워드는 당돌한 도전을 선언하는 아들을 기특하다는 듯이 바라보았다.

전에도 워런은 아빠에게 이렇게 물은 적이 있었다.

"아빠, 주식이 뭐예요?"

그때도 하워드는 어린 아들의 질문을 대견하게 생각하며 되물었다.

"워런, 너는 주식이 뭐라고 생각하니?"

"글쎄요, 아빠가 파는 게 주식이라는 건 알겠는데…… 좀 어려운 것 같아요."

"주식은 전혀 어려운 게 아니란다. 모자이크를 보면 작은 조각들이 모여서 하나의 그림이 되잖아. 그것처럼 주식도 회사를 이루는 작은 조각이나 마찬가지야. 자본 조각이지. 자본 조각들이 모여서 회사라는 하나의 그림을 완성하는 거란다."

"그럼 주식 투자는 뭐예요?"

"돈을 내고 그 자본 조각을 사는 거지. 어떤 회사에 내 돈을 맡기고 그 돈으로 경영을 할 수 있도록 투자하는 거란다. 자본 조각을 팔아서 생긴 수익으로 회사는 경영을 하고 나중에 수익이 생기면 투자한 사람들에게 그만큼 보상을 해 주는 거지."

"와! 그럼 앞으로 돈을 많이 벌 수 있는 회사의 주식에 투자하면 금세 부자가 될 수 있겠네요."

"그렇지. 그런데 이미 성장한 회사의 주식은 비싸거든. 그리고 회사가 상황이 나빠지면 내가 투자한 돈을 돌려받지 못하는 거야. 그러니까 투자는 언제나 신중하게 해야 한단다."

"그럼 지금은 별로지만 앞으로 성장할 회사를 찾아서 투자하면 되겠네요."

"바로 그거란다. 아직은 작은 회사지만 적은 돈이라도 투자해서 큰 회사로 함께 성장시키면 돈을 벌 수 있는 것이지."

하워드는 아들에게 좋은 선생이자 친구였다. 그리고 워런은 하워드에게 무궁무진한 가능성을 보이고 있는 가장 귀한 투자처였다. 하워드는 아들의 잠재된 역량을 일찌감치 알아보았고 자신이 가르쳐 줄 수 있는 모든 것을 가르쳐 주고자 했다.

그 아들이 드디어 실전을 하겠다고 나선 것이다. 친구들과 숫자 놀이를 하다가 껌도 팔고 콜라도 팔고, 아빠 회사에 따라 나와 책도 읽고 주식 거래장에 나가 앉아 있곤 하던 아들이었다. 그 아들이 마침내 주식이 뭐냐고 묻는 데서 한발 더 나아가 "직접 주식에 투자를 해 보겠다"고 말한 것이다.

하워드는 어린 아들의 도전을 은근히 기뻐하며 되물었다.

"투자할 돈은 가지고 있는 거니? 그것은 너의 투자이니 아빠가 돈을 줄 수는 없어, 워런."

"물론이에요. 내 돈으로 할 거예요."

워런에게는 여섯 살 때부터 5년 동안 악착같이 모아 온 돈이 있었다. 그것이 전 재산이었지만 워런은 그 돈을 투자하려고 마음먹은 것이다.

"또 한 가지! 주식에 투자한다고 해서 무조건 돈을 버는 건 아니라는 것은 잘 알고 있겠지? 투자한 원금까지도 잃을 수가 있단다."

"잘 알고 있어요."

"그래도 도전해 보겠다는 거니?"

워런은 잠시 생각에 잠겼다. 그것은 망설임 때문이 아니라 자신의 각오를 한 번 더 다지기 위해서였다. 마음을 굳힌 워런은 당당하게 대답했다.

"그럼요, 아빠. 주식 투자에 도전해 보겠어요. 돈을 잃는다고 해도 돈은 다시 모으면 되잖아요. 하지만 주식에 투자해 보는 건 저에게 값진 경험이 될 거라고 믿어요.”

열한 살! 그러나 꿈을 바라보기에는 결코 적지 않은 나이였다. 적어도 워런에게는 말이다. 워런은 꿈을 바라보는 데는 전혀 거침이 없는, 그야말로 ‘꿈꾸는 소년’이었다.

직접 해 볼수록 확신도 강해진다

워런을 꿈으로 인도한 두 권의 책이 있다. 그것은 벤저민 그레이엄의 『증권 분석』이라는 책과 『1000달러를 버는 1000가지 방법』이라는 책이다. 벤저민 그레이엄의 책을 통해 워런은 주식 투자에 대한 개념을 어렴풋이나마 깨우칠 수 있었다.

“주가가 오르면 왕창 사고, 조금만 내려가면 팔아 버리는 투자는 바람직하지 않다. 내가 투자한 기업의 가치를 믿고 끝까지 인내하며 계속 가지고 있어야 한다. 그렇게 오랫동안 투자하면 누구도 측정할 수 없는 이익을 얻게 된다!”

벤저민 그레이엄의 이 ‘가치 투자’에 대한 철학은 어린 워런에게 깊은 인상을 남겼다. 워런은 벤저민 그레이엄의 책을 보고 또 보았다.

“벤저민 그레이엄은 정말 대단해. 이분 말이 맞아. 투자라는 건 이랬다저랬다 변덕스럽게 하면 안 되는 거야. 나는 그렇게 하지 말아야지. 한 번 마음을 정하면 끝까지 기다릴 줄 알아야겠어.”

서서히 본격적으로 돈벌이에 눈을 떠 가고 있던 워런 버핏에게

『1000달러를 버는 1000가지 방법』이란 책 또한 직접적인 동기 부여가 되었다. 그 책에 이런 글귀가 들어 있었다.

"일단 시작하라. 시작하지 않으면 아무런 결과도 없다. 미국에서 수십만 명이 부자가 되고 싶어 하지만 그 목표를 이루지 못하는 것은 바로 시작하지 않기 때문이다."

'일단 시작하라'는 문장이 워런의 마음에 깊이 와닿았다. 껌도 팔아 보고 콜라도 팔아 보았지만 그저 돈 벌고 숫자 계산하는 게 좋아서 해 보았을 뿐, 보다 체계적인 노력이 부족한 듯했다.

'내 꿈은 백만장자가 되는 건데, 껌을 팔고 콜라를 팔아서는 그렇게 될 수 없잖아. 물론 그런 장사도 좋겠지만 더 좋은 방법이 없을까? 꿈을 위해서는 뭔가 행동이 필요해.'

워런은 자신이 설정한 백만장자라는 꿈을 향해 첫발을 떼기로 했다. 바로 주식 투자라는 방식을 통해서였다. 멍하니 꿈을 바라보기만 한 것이 아니라 구체적으로 첫발을 내디딘 것이다.

두 권의 책은 장래 세계적인 부호가 될 워런의 가슴에 깊은 인상을 남겼고, 꿈의 실체를 보다 분명하게 드러나게 해 주었다. 워런이 행동에 들어갈 수 있도록 동력이 된 셈이었다.

"그래, 주식 투자를 해 봐야겠어. 나는 아직 어리지만 그래도 할 수 있어. 가만히 앉아서 무언가 행운이 있기를 기다리기보다 나는 직접 움직여 볼 거야!"

워런은 눈을 반짝이며 책장을 덮었다. 주식 투자라는 것은 어린 아이에게는 막막하고도 어려운 일이었지만 왠지 알 수 없는 자신감과 의욕이 느껴졌다. 혹시 실패하게 될까 봐 두려운 마음도 들었지만 용기를 내보고 싶었다. 우선 확실한 자기편인 아빠에게 물어보기로 했다.

"아빠, 저 주식 투자를 해 보고 싶어요."

아빠는 빙그레 웃으면서 물었다.

"그래, 무슨 돈으로 할 거니? 전에도 말했지만 아빠는 네가 주식 투자할 돈을 지원해 주지는 않을 거다. 네 힘으로 해야 해."

"네, 그 정도는 저도 알아요. 그동안 제가 모은 돈을 가지고 할 거예요. 그런데 그게 조금 모자라는 것 같아서…… 도리스 누나를 투자자로 끌어들일까 해요."

아빠는 다시 빙그레 웃었다.

"누나를 어떻게 끌어들이니?"

"투자 가치가 있다는 것을 설명해 주고 설득해야죠. 돈을 남길 수 있다고 생각하면 누나도 싫다고 하지는 않을걸요."

"하지만 워런, 아니 우리 파이어 볼! 투자는 실패할 수도 있어. 원래 투자한 돈을 다 잃어버릴 수도 있다는 것을 알고 있겠지?"

"네. 하지만 그럴 리가 없어요. 잘될 거예요. 설사 잃어버린다 해도 다시 벌면 되죠!"

“하하하! 과연 아빠 아들이구나. 워런, 열심히 해 봐라. 네 힘으로
해 보는 주식 투자가 정말 좋은 공부가 될 거야!”

워런은 자신에게 동기 부여가 된 주식 투자에 관한 책을 다시 읽
으면서 나름대로 계획을 세워 나갔다. 자신이 좋아하는 일에 대한
관심을 단순한 관심으로만 끝낸 것이 아니라 구체적인 행동으로
이어가고 있었다.

워런의 어린 시절부터 남다른 면모 중의 하나는 바로 그런 행동
파워였다. 부자가 되겠다는 꿈을 가진 소년은 가만히 앉아서 감나
무에서 감이 떨어지기를 기다리고 있는 게 아니라 적극적으로 행
동하고 나섰다. 실패할 수도 있었지만 일단 시작하지 않고서는 아
무것도 될 수 없다는 것을 워런은 본능적으로 알고 있었던 것이다.

실패해 보지 않고서는 부자를 꿈꿀 수 없다

실전 경험이 필요해

열한 살 소년의 첫 주식 투자에는 자금이 부족했다. 워런의 전 재산은 120달러였다. 그 돈은 여섯 살 때부터 아빠에게 받은 용돈과 워런 스스로 벌어 모은 귀한 자산이었다. 하지만 그것으로는 부족했다. 또 다른 투자자를 끌어들일 필요가 있었다. 그래서 워런은 누나를 끌어들이기로 했다. 도리스 누나는 처음에는 그런 위험한 짓은 하지 않겠다며 부정적이었지만 이내 워런의 설득에 넘어가서 자신의 전 재산을 내놓았다. 워런은 자신의 전 재산과 누나의 전 재산을 모아 주식에 투자했다.

투자 대상은 시티 서비스라는 회사였다. 워런은 아빠가 고객들에게 시티 서비스의 주식을 자주 권한다는 것을 알고 있었다. 그래서 주당 38.25달러를 주고 시티 서비스의 주식을 세 개씩 샀다. 워런이 세 개, 누나가 세 개를 산 셈이었다.

"과연 오를까? 얼마나 오를까?"

워런은 설레는 마음으로 지켜보았다. 정말 얼마 지나지 않아 주가가 움직이기 시작했다. 그런데 올라가는 것이 아니라 떨어지기 시작했다. 38달러가 넘던 주가가 27달러로 곤두박질쳐 버렸다.

"뭐야, 워런! 주가가 엄청 떨어졌잖아."

도리스 누나가 짜증을 냈다. 워런 역시 가슴이 철렁 내려앉았다. 어릴 때부터 모아 온 용돈을 다 털어 넣었는데 돈을 벌기는커녕 다 잃을지도 모른다는 불안이 엄습했다. 그것도 누나의 돈까지 자기가 잃게 만들지도 모른다고 생각하니 미안함과 죄책감 때문에 잠도 잘 수 없었다.

"순식간에 11달러나 떨어지다니……."

"워런, 도대체 어떻게 할 거야? 너 때문에 내 돈 다 잃어버리게 생겼잖아. 어떻게 할 거냐고? 내 돈은 어떻게 책임질 건데?"

불안한 하루하루를 보냈는데 주가가 다시 오르기 시작했다.

"누나! 40달러까지 올랐어. 40달러야!"

"뭐라고? 40달러라고? 우리가 처음에 살 때보다 2달러 가까이 올랐네!"

워런과 도리스는 좋아서 팔짝팔짝 뛰었다.

"지금 팔까?"

누나가 물었다. 워런 역시 같은 생각이었다.

"그러자. 또 떨어지면 어떻게 해. 지난번에 27달러까지 내려갔었잖아. 그거에 비하면 40달러는 엄청 좋은 가격이야. 원래 투자한 돈보다 한 주당 2달러 가까이 올랐으니 팔아 버리자. 다시 폭락할지도 모르잖아. 지금 팔아도 우리는 5달러를 번 셈이잖아."

"그래!"

워런과 도리스는 기세등등하게 자신들의 주식을 팔아 버렸다. 워런은 가지고 있는 주식 세 개를 모두 팔고 5달러라는 이익을 남겼다. 도리스 역시 워런과 똑같이 했다. 남매는 제법 만족스러웠다. 도중에 폭락되는 바람에 가슴앓이를 하긴 했지만 결국 이익을 남겼으니 성공적인 투자인 셈이었다.

무언가를 배울 수 있다면 실패도 값진 것이다

성공적인 투자는 워런에게 자신감을 주었다. 그러나 그 자신감은 오래가지 못했다. 어느 날 하워드는 집에 돌아와 아들에게 말했다.

"워런, 유감이지만 안 좋은 소식을 전해야겠구나. 시티 서비스 주식이 급상승하고 있단다. 한 주당 200달러를 넘어섰구나."

"네? 한 주당 200달러를 넘었다고요?"

"그래. 오늘 202달러란다."

워런은 자신의 귀를 의심했다. 단 40달러에 팔아 버린 주식이 202달러가 되었다니! 자신은 120달러를 투자하여 얼마 전 주식을 되팔아 5달러를 남기고 만족하고 있었는데, 만약 팔지 않고 주식을 보유하고 있다가 지금 그것을 팔았더라면 워런은 5달러가 아니라 약 492달러를 벌 수 있었을 것이다. 커다란 기회를 놓쳐 버린 워런은 큰 충격에 빠졌다.

하지만 그저 절망과 충격에 그치지 않고 워런은 자신의 행동들을 되돌아보며 철저하게 분석하기 시작했다.

"어디서부터 잘못된 것일까? 나는 더 큰돈을 벌 수 있었는데 그 기회를 놓쳤다. 똑같은 실수를 두 번 다시 반복해서는 안 된다."

워런은 최초의 주식 투자를 통해 많은 것을 배웠다. 그것은 단순히 5달러를 번 것과는 비교도 할 수 없는 교훈이었다. 비록 492달러를 벌 수 있는 기회를 바보처럼 놓쳐 버린 불만족스러운 주식 투자였지만 실패를 통해 배운 교훈은 그 어떤 돈으로도 살 수 없는 값진 것이었다.

첫째, 기다릴 줄 알아야 한다.

워런은 자신이 좀 더 신중하게 기다리지 못한 것을 가장 크게 후회했다. 투자에는 인내와 기다림이 필요하다는 것을 알게 된 것이

다. 그리고 워런은 평생에 걸쳐 장기 투자에 일가견을 보이며 부를
키워 나가게 된다.

둘째, 일단 투자한 다음에는 그 돈에 집착하지 말아야 한다.

워런은 자신이 기다리지 못하고 성급하게 팔아 버린 것에 대해
'투자한 돈에 집착했기 때문'이라고 생각했다. 당장 이익을 빨리 얻
으려고 하거나 손해를 볼까 봐 두려워하는 심리는 바로 투자한 돈
에 집착하기 때문이다. 그러나 이익을 얻기 위해서는 오히려 눈앞
의 이익이나 실패에 연연하기보다는 보다 장기적인 관점으로 바라
볼 수 있어야 한다. 눈앞의 이익이나 손해에 집착하면 조바심이 나
서 냉정한 판단을 내릴 수가 없기 때문이다.

셋째, 다른 사람의 돈을 투자할 때는 더욱 신중해야 한다.

워런은 자신의 성급함의 또 다른 이유를 '도리스 누나에 대한 부
담감' 때문이라고 생각했다. 누나 돈까지 끌어들여 투자를 했는데
손해를 볼 경우 누나에게 너무 미안해지기 때문이다.

"앞으로는 분명한 확신이 있을 때만 다른 사람에게 투자를 권해
야겠어. 다른 사람의 돈으로 투자를 할 때는 더욱 신중해야 하는
거야."

이것은 장차 수많은 지인의 자금을 끌어들여 투자의 기반을 닦

아 나가게 될 워런 버핏에게 가슴 깊이 새기는 산 교훈이 되었다.

　하마터면 누나의 전 재산을 잃게 만들지도 모르는 위기를 넘긴 것도 좋은 공부가 되었고, 또한 훨씬 더 많은 돈을 벌어 줄 수 있었는데도 자신의 판단력 부족으로 적은 돈을 남기는 데 그친 불만족스러운 결과 또한 좋은 공부가 되었다. 세계적인 투자의 귀재 워런의 모습은 이렇게 어린 시절의 교훈들을 자신의 것으로 새기면서 길러지고 있었다.

워런 버핏이 알려 주는 경제 상식

　워런의 아빠 하워드는 아이들이 열 살이 될 때마다 여행을 했다. 워런이 열 살이 되던 1940년에 워런의 가족은 미국 동부를 여행했다. "어디를 가 보고 싶니?"라는 아빠의 질문에 워런은 망설이지 않고 "월스트리트에 있는 증권 거래소!"라고 대답했다. 월스트리트는 미국 경제의 상징이었다. 1929년 미국의 경제 대공황이 시작된 곳이자, 점점 회복되기 시작하는 미국 경제의 심장과도 같은 곳이었다. 워런은 그곳을 돌아보며 다시 한번 꿈을 키웠다.

월스트리트와 뉴욕 증권 거래소

　월스트리트는 미국 뉴욕 시 맨해튼에 있는 거리 이름이다. 이 거리에는 뉴욕 증권 거래소를 비롯, 여러 증권 회사와 은행들이 몰려 있으며, 이곳 주식 시장이 전 세계 주식 시장에 영향을 미치기 때문에 월스트리트는 '경제를 지배하는 금융 세력'으로 불린다.

　뉴욕 증권 거래소는 미국 뉴욕에 있는 세계 최대 규모의 증권 거래소이다. 세계 금융 중심지인 월스트리트의 상징이며 아멕스(AMEX), 나스닥(NASDAQ)과 함께 미국 3대 증권 거래소이기도 하다. 1792년 처음 문을 열었으며, 다우 지수와 스탠더드 앤드 푸어스 500지수 등 세계 증시의 주요 지표가 되는 지수들이 뉴욕 증권 거래소를 통해 산출된다.

　월스트리트는 초창기에는 별 볼 일 없는 허름한 뒷골목에 불과했다. 미국 독립전쟁 이후 미국이 영국에서 벗어나 미합중국으로 재탄생하면서부터 월스트리트와 뉴욕 증권 거래소는 새로운 금융의 역사를 만들어 가기 시작했다. 특히 영국, 프랑스 등이 전쟁 때문에 세계 강대국으로서의 지위를 잃게 되고, 제1차 세계대전으로 미국이 급부상하였는데, 이때 월스트리트와 뉴욕 증권 거래소가 본격적으로 세계 자본주의 무대의 중심으로 주목받기 시작했다. 월스트리트와 뉴욕 증권 거래소는 주식 거래의 투명성을 높여 나가며 세계적인 금융 기관들을 유치하면서 오늘날과 같은 화려한 명성을 얻게 되었다.

친구들하고 노는 것보다 돈 버는 게 재미있어

뭔가 도전해 볼 일이 필요해

1941년 12월. 워런이 주식 투자에 처음 도전해 본 그해 미국과 세계는 또다시 예측 불가능한 상황으로 빠져들어 가고 있었다. 1930년대의 경제 대공황을 빠져나오고 있던 미국이 이제 전쟁의 소용돌이에 휘말린 것이다.

"일본의 미국 진주만 공격! 일본의 선전포고입니다. 이제 미국의 선택은 전쟁뿐입니다."

당시 유럽은 이미 제2차 세계대전의 와중이었지만 미국은 참전을 자제하고 있었다. 그런데 일본의 진주만 공격으로 미국은 참전을 선택하게 되었다. 정치에 관심이 있던 워런의 아빠 하워드는

1942년에 공화당 하원의원이 되었다. 하워드가 공화당 하원의원이 되자 워런의 가족은 미국의 수도 워싱턴으로 이사를 가게 되었다. 그것은 워런에게 가장 큰 변화였다.

1930년 오마하에서 태어나고 자란 워런에게 워싱턴은 아주 낯선 환경이었다. 이제까지 워런의 모든 자신감과 터전은 오마하였는데, 새로운 도시로 와서 모든 것을 새롭게 다시 시작한다는 것은 워런에게 엄청난 부담이었다. 워런은 언제나 익숙한 환경을 좋아하고 예측 가능한 게임을 즐기는 편이었다. 그런 성격은 훗날 워런 버핏의 투자 성향에서도 그대로 드러난다. 워런은 자신이 잘 알지 못하는 정보 통신 분야에는 거의 투자하지 않았고, 또한 평생 오마하에서 수십 년 동안 같은 집에서 살았다. 그런 성향을 가진 워런이었기에 새로운 도시 워싱턴에 적응하는 일이 쉽지 않았다.

"오마하에서는 내가 할 일이 많았는데 여기 워싱턴은 도대체 뭐야? 낯설기만 하고 아무것도 해 볼 만한 게 없는 것처럼 느껴져. 이렇게 머뭇거리다가는 시간만 금방 지나가 버리고 말겠어. 내 꿈이 멀어지고 말 거야."

돈이나 벌자며 빵집에서 아르바이트를 해 보기는 했지만 단순 반복적인 일에서 워런은 흥미를 느끼지 못했다. 단순히 시급을 받기 위해서 일하는 것은 워런이 원하는 게 아니었다. 아무런 성취감도 느끼지 못한 그는 결국 얼마 가지 않아 빵집 아르바이트를 그만

뒤 버렸다.

학교생활도 재미가 없었다. 누나 도리스는 새로운 도시와 학교에서 잘 적응해 갔지만 워런은 달랐다. 내성적인 성격의 소유자였던 워런은 겉돌기만 했고, 도시의 아이들 또한 소박하고 허름한 차림새에다 말도 별로 없이 혼자 공상하기를 즐기는 워런을 좋아하지 않았다.

"학교도 재미없고, 같이 놀 친구도 없고, 내 스타일에 맞는 아르바이트 거리도 없고…… 도대체 뭘 하면 되는 거지? 워싱턴은 내겐 너무 답답하기만 한 도시야. 오마하로 돌아가고 싶어."

뭔가 새로운 변화나 도전이 필요했지만 워런은 아무런 에너지도 얻지 못한 채 머뭇거리고 있었다. 스트레스가 심해 원인도 알 수 없는 알레르기에 시달리기까지 했다. 워런의 가슴속에는 오마하에 대한 그리움만 점점 더 커져 갈 뿐이었다.

단 한순간도 꿈을 잊지 않을 거야

"워런을 오마하로 다시 보내라. 이대로 워런을 워싱턴에 있게 했다가는 애를 망쳐 놓겠구나."

워런의 상태를 알게 된 할아버지가 급하게 편지를 보내왔다. 하워드는 하는 수 없이 워런이 초등학교를 졸업할 때까지만 할아버지 집에서 지내도록 허락했다. 워런은 마치 물속에 다시 넣어 준 물

고기처럼 오마하로 달려가 익숙한 공기, 익숙한 거리, 익숙한 친구들과 맘껏 어울렸다. 그곳에서는 돈벌이도 더 쉬웠다. 심리적인 안정을 되찾자 워런은 익숙한 거리들을 뒤지며 아이디어가 떠오르는 대로 여러 도전을 해 볼 수 있었다.

"와, 살 거 같아. 여기서는 모든 게 정말 신나고 자신 있어."

워런은 우선 폐지나 헌 잡지를 모아다가 파는 일을 했다. 폐지 45킬로그램마다 35센트를 받을 수 있었다. 또 눈이 오는 날이면 워런은 친구들과 함께 눈 치우는 일을 하고 할아버지에게 일당을 받곤 했다.

또 할아버지 가게에서 일을 하기도 했는데 그건 일을 한다기보다 일을 배우는 시간이었다. 할아버지 가게는 예전보다 규모가 커져 있어서 배울 일이 더 많아진 데다 상인 기질이 넘치는 할아버지는 손자라고 너그럽게 봐주는 게 없었다. 하지만 할아버지는 사업가 기질을 보이는 워런을 특히 예뻐했고 그런 만큼 더욱 워런에게 도움이 되는 이야기를 해 주곤 했다.

"워런, 우리 가문의 사업가들의 성공 비결이 뭔지 아니? 그건 시간과 신용이란다. 사업가는 시간과 신용을 돈보다 더 소중히 할 줄 알아야 한단다."

"워런, 너는 언제나 돈 벌 궁리를 하는구나. 아주 기특해."

"네가 땀 흘리고 애쓴 만큼 돈을 벌 수 있다는 걸 명심해라. 가만히 앉아서 일이 잘되기를 기다리는 사람은 절대로 성공할 수 없단다."

할아버지 집에서의 경영 수업은 워런에게 많은 도움이 되었다. 할아버지는 워런의 기질을 잘 꿰뚫어 보고 그것을 키워 주려고 애썼고, 워런은 자신의 기질을 이해하고 인정해 주는 할아버지와 함께 지내는 것이 정말 행복했다. 할아버지의 경영 수업은 워런에게 즐거운 동기 부여가 되었다.

그러나 워런의 행복도 오래가지는 못했다. 초등학교를 졸업하고 가족이 있는 워싱턴으로 돌아가야 했기 때문이다. 다시 돌아온 워싱턴은 하나도 변한 게 없었다. 여전히 낯설고 호감이 가지 않는 친구들뿐이었다. 하지만 워런은 더 이상 머뭇거리며 뒷걸음질만 칠 수는 없다는 것을 깨달았다. 워런은 할아버지의 경영 수업으로 얻은 자신감들을 에너지 삼아 자신이 할 일을 찾아 나섰다.

"이곳 워싱턴에서도 틀림없이 내가 할 일이 있을 거야. 내가 잘하고 재미있게 하면서 돈을 벌 수 있는 일을 찾겠어. 성취감과 재미를 느낄 수 있는 일을 말이야. 서두르자. 서른다섯이 될 때까지 백만장자가 되려면 시간을 낭비하지 않고 계속해서 움직여야 해. 아니 달려야 해. 그래야 내 꿈에 조금씩 다가설 수 있어!"

자기에게 잘 맞는 일거리를 찾던 워런의 눈에 들어온 것이 있었다. 바로 신문 배달 구인 광고였다. 워런은 평소 신문 보는 데에 취미가 있었기 때문에 신문 배달 일에 금세 호감을 느꼈다. 자기가 좋아하는 신문을 집집마다 배달을 하다 보면 워싱턴에도 정이 들고 생활에 활력을 찾을 수 있을 것만 같았다.

"신문 배달! 바로 그거야. 그걸 해야겠어. 이렇게 아무것도 하지 않고 허송세월만 보낼 수는 없잖아."

워런은 용기를 내어 신문 보급소를 찾아갔다.

"넌 우선 『워싱턴 포스트』를 돌려라. 매일 새벽에 나와야 하는데 할 수 있겠냐? 조금도 늦으면 안 돼. 우선 스프링밸리 구역부터 맡아 봐라."

"네. 열심히 하겠습니다!"

워런이 처음으로 손에 잡은 신문은 『워싱턴 포스트』였다. 워런은 새벽마다 먼동이 트기도 전에 일어나 부랴부랴 버스에 올랐다. 신문 보급소에 나와서 그날 돌릴 신문을 정리하는 동안 슬쩍슬쩍 뉴스들을 훑어보는 재미도 일품이었다. 정리한 신문을 자전거에 싣고 어둠이 아직 가시지 않은 새벽 거리를 달렸다. 신문을 가득 싣고 어둔 골목을 달릴 때면 워런의 가슴은 설레곤 했다.

"내 꿈은 서른다섯 살에 백만장자가 되는 거야. 내 꿈은 서른다섯 살에 백만장자가 되는 거라고. 나는 그 꿈을 향해 지금 달리고 있는 거야!"

워런에게 신문 배달은 단순히 용돈을 벌기 위한 돈벌이가 아니었다. 워런은 자신의 꿈을 향해 달리고 있었다. 워런의 가족 역시 그것을 잘 알고 있었다. 워런의 아버지 하워드는 워런의 신문 배달을 응원해 주었고, 워런의 가족 모두 워런이 새벽부터 나가 신문을 돌리고 돌아올 때까지 기다렸다가 함께 아침 식사를 하곤 했다. 그 일이 다리가 아프고 피곤에 지치게도 했지만 워런은 아침마다 희망으로 가득 찼다.

워런은 6년 동안 단 하루도 빠짐없이 새벽 4시 30분에 일어나 첫차를 타기 위해 달렸다. 나중에는 버스 운전기사도 워런이 보이지 않으면 워런의 모습이 보일 때까지 기다려 주곤 했다. 그 세월은 워런이 어른이 된 후 투자가로 살아가는 동안 내내 큰 밑거름이 되어 주었다.

"자신이 정말 사랑하는 일을 하라. 아침이 되면 저절로 눈이 떠질 것이다."

워런 버핏은 성공한 다음에도 젊은이들에게 늘 이렇게 말했다. 희망과 기대에 찬 아침을 날마다 맞이하는 방법은 자신의 꿈을 향해 달려가고 있을 때인 것이다. 그 역동적인 희망은 꿈을 꾸기만 하고 행동하지 않는 사람이라면 절대로 느껴 볼 수 없는 생생한 큰 힘이다.

잘하는 일은 밀어붙이고
못하는 일은 과감하게 버리다

나이가 어리다고 무작정 기다릴 수는 없어

중학교 시절부터 시작한 신문 배달 일은 워런의 청소년기 내내 계속되었다. 그러나 워런은 신문 배달 일만으로는 만족할 수 없었다. 신문 배달만으로는 백만장자가 되기 위한 종잣돈을 마련하는 데 한계가 있었으니까 말이다. 뭔가 더 사업다운 사업을 해 보고 싶은 욕구가 늘 워런을 따라다녔다. 고등학생이 된 워런은 단순히 아르바이트 차원에 머물러 있고 싶지 않았다. 좀 더 본격적인 어떤 사업이 필요함을 워런은 분명히 인식하고 있었다. 선생님들은 언제나 '공부나 하라'는 식으로 말하기 일쑤였고, 친구들 역시 어른들처럼 자신이 사업을 벌일 수 있으리라고는 생각지 않았지만 워런의 생각은 달랐다.

"나이가 어리다고 못하는 것은 아니야. 나도 나의 사업을 만들어 갈 수 있어. 어른이 될 때까지 기다릴 수는 없어. 나는 나의 사업을 만들어 나갈 거야. 머리만 잘 쓰면 고등학생도 충분히 할 수 있는 사업 아이템이 분명히 있을 거야!"

워런은 중고 핀볼 게임기 대여 사업을 생각해 냈다. 핀볼 게임기란 동전을 넣어 작동시키는 초기의 전자오락 기계의 일종이다. 사업을 시작하기에 앞서 워런은 동업자를 찾아냈다. 바로 기술에 재능이 있는 도널드였다.

"도널드, 네가 기술 이사를 맡아. 내가 영업을 맡을 테니까 말이야."

"좋아, 워런. 너의 사업 능력은 내가 믿을 수 있지. 너를 믿고 한 번 해 볼 테니까 머리는 네가 쓰라고. 나는 중고 핀볼 게임기를 멋지게 고쳐 놓을게."

두 친구는 워싱턴의 상가와 중고품 매장을 돌아다니면서 고장 난 핀볼 게임기를 사 모았다. 워런의 돈으로 그 비용을 충당했고, 도널드는 워런이 사 온 핀볼 게임기의 수리를 맡았다. 사업 준비가 착착 진행되자 워런은 본격적으로 영업 활동에 나섰다. 주변 이발소를 돌아다니며 흥정을 하기 시작한 것이다.

"사장님, 여기다 핀볼 게임기를 설치하면 잘될 게 분명하다니까요!"

"애들이 무슨 사업을 하느냐. 까불지 말고 학교에 가서 공부나 열심히 해라."

"사장님, 핀볼 게임은 어른들도 좋아하는 게임이에요. 여기에 오는 남자 손님들은 순서를 기다리는 동안 무료할 테고 핀볼 게임기가 있으면 틀림없이 하게 될 겁니다. 핀볼 게임기는 자리도 차지하지 않고 사장님은 그냥 약간의 공간만 제공하고 핀볼 게임기에서 나오는 수익의 일부분을 가져갈 수 있는 겁니다! 안 하실 이유가 없죠."

"이 녀석 참 당돌하네."

첫 이발소에서 핀볼 게임기를 설치한 지 하루 만에 게임기 동전함에는 5센트짜리 동전이 수두룩하게 쌓였다. 계산해 보니 4달러의 이익이 발생한 것이다. 워런과 도널드는 눈을 반짝이며 사업에 박차를 가했다. 소문이 나기 시작하자 여기저기 이발소에서 기계를 놔 달라는 요청이 들어왔다. 워런은 마치 어떤 회사의 직원인 양 대답했다.

"네네, 알겠습니다. 우리 윌슨 사장님께 말씀드려 보죠."

워런은 '윌슨 동전 작동기 회사'라는 가상의 회사를 내세우며 사업을 확장했다. 워런과 도널드는 일주일에 한 번씩 이발소를 돌며 동전을 수거했고 이익금은 이발소와 50 대 50으로 나눠 가졌다. 그렇게 몇 개월이 지나자 워런은 매주 모든 경비를 제하고도 50달러씩 이익을 남기고 있었다.

"워런, 너의 사업 감각은 정말 탁월해. 하하하."

이발소 사장도 도널드도 만족스러워하는 사업이었다. 워런의 사업 감각은 주변 사람들까지도 이익을 보게 하는 것이었다. 워런은 웬만한 성인 못지않게 월 수입을 벌어들였지만 한 푼도 허술하게 쓰지 않았다. 멋 내는 데도, 여자 친구를 만나는 데도, 파티에 놀러 다니는 데도 관심이 없던 워런은 오직 자신의 종잣돈이 점점 불어나는 것에만 집중하며 더욱 사업에 열정을 쏟았다.

모든 걸 잘할 수는 없어, 내 스타일을 찾아야 해!

워런 버핏은 고등학교를 졸업하기 전에 20가지 사업에 도전했다. 그 결과 고등학교를 졸업할 때 이미 무려 6000달러에 달하는 자산을 보유할 수 있었다. 워런은 투자가로서의 길을 걸어갈 만반의 준비가 되어 있던 셈이었다. 단순히 어린 나이에 자산을 보유하고 있었다는 것보다는 그 자산을 자기 혼자의 힘으로 이룰 때까지 들인 열정과 노력, 그런 과정을 통해 길러진 역량이 보다 큰 워런의 자산이 되었다.

첫째, 끊임없이 도전했다.

워런의 가장 큰 성공 요인은 끊임없이 도전했다는 점이다. 여섯 살 때부터 장사 놀이 등에 흥미를 보이던 워런 버핏은 일곱 살 때부터 투자와 경제에 관한 책을 읽기 시작했다. 열 살 무렵에는 아버지

회사 밑에 있는 주식 거래장에 나가 현장 분위기를 익혔고 초등학
생인 열한 살 때 주식 투자를 시작했다.

물론 상인 집안에 태어났다거나 주식 중개인인 아버지의 영향으
로 보통 가정의 아이들보다 쉽게 경제관념을 익힐 수 있었을 거란
추측이 가능하다. 또한 워런의 유전자 안에 분명 경제 분야에 대한
소질이 들어 있었으리라.

하지만 워런의 환경이나 타고난 소질은 워런의 꿈을 다 말해 주
지는 못한다. 워런의 꿈이 정말 빛이 나는 이유는 그가 '행동 파워'
를 가지고 있었기 때문이다.

워런은 항상 생각을 하고 뭔가를 궁리해 냈으며 그것을 행동으
로 옮겼다. 어린 시절 워런이 단순히 부자가 되고 싶다는 막연한 생
각에 머물러 있었다면 오늘날의 워런 버핏은 없다. 그러나 어린 워
런은 책을 뒤지고 도서관을 뒤지고 아빠의 회사에 나가 이런저런
경험을 하면서 돈을 벌 수 있는 방법이 '주식'과 '복리'라는 것을 깨
달았다. 그리고 주식 투자와 종잣돈 만들기에 발 벗고 나섰다. 방법
도 계속해서 고안했다. 신문 배달 등의 아르바이트뿐만 아니라 다
양한 사업 아이템들을 생각해 내 추진한 것이다. 그것은 끊임없는
도전이었다.

워런이 어린 시절 장사 놀이를 하지 않았다면, 주식이나 경제 관련
책을 읽지 않았다면, 열한 살의 나이에 주식 투자의 실전 경험을 쌓

지 않았다면, 신문 배달 일에 뛰어들지 않았다면, 고등학교 시절 다양한 사업에 도전해 보지 않았다면, 그러한 끊임없는 도전이 없었다면 워런은 자신의 역량을 키울 수 없었을 테고, 그가 사회에 나가 투자를 본격적으로 시작할 때 필요한 종잣돈도 마련할 수 없었을 것이다.

둘째, 자신의 강점과 약점을 끊임없이 분석하며 나아갔다.

워런은 대도시로 이사 왔을 때 빵집 아르바이트를 시도해 봤지만 그다지 정을 붙일 수 없었다. 빵집은 너무 한가했고 성취감을 느낄 수가 없었기 때문이다. 오마하의 할아버지 집에 머물렀을 때 워런은 고향 친구와 함께 눈 치우는 아르바이트도 했다. 강도 높은 노동이었지만 일이 끝나자 할아버지는 고작 1달러밖에 삯을 쳐주지 않았다. 그 경험을 통해 워런은 가격은 미리 협의하고 일을 시작해야 한다는 것을 배웠는데 그보다 더 큰 깨달음은 '나에게는 육체노동이 맞지 않다'는 사실이었다. 워런은 단순히 땀만 흘리는 노동에서 성취감을 느낄 수가 없었다.

또 워런은 고등학교 시절 핀볼 게임기 사업을 해서 제법 성공하기도 했지만 언제나 사업이나 장사에 성공한 것만은 아니었다. 핀볼 게임기 대여 사업을 하기 전에 도널드와 함께 자동차를 닦고 광택을 내는 사업을 시도해 보았을 때 크게 재미를 보지 못했다. 그러자 워런은 과감하게 사업을 접었다.

워런은 나이는 많지 않았지만 결단력이 있었다. 그 결단의 핵심은 '이것이 나에게 맞는 일인가 아닌가'였다. 워런은 열정적으로 일했지만 단순히 열심히 하는 것에서 그치지 않고 끊임없이 생각하고 고민하면서 자신을 분석했다. 그리고 자신에게 맞지 않는 일, 자신의 스타일이 맞지 않거나 잘할 수 없는 일은 과감하게 포기할 줄 알았다. 그리고 그 남은 에너지를 자신이 잘할 수 있는 일, 자신이 성취감과 재미를 느끼면서 발전시켜 나갈 수 있는 일에 쏟았던 것이다.

신문 배달 일은 워런의 구미에 딱 맞았다. 머리를 써서 같은 시간 안에 더 많이 배달하거나 새로운 구독자를 확보하면 더 많은 돈을 받을 수 있었으므로 성취감을 만끽할 수 있었기 때문이다. 핀볼 게임기 사업 역시 워런이 자신감을 가지고 추진할 수 있는 일이었다.

이처럼 워런의 자기 분석과 결단은 워런이 앞으로 숱하게 많은 투자를 이끌어 나가는 데 큰 힘이 되어 주었으며, 세계적인 투자가로 성장해 가는 데 필요한 원동력이 되었다. 워런의 남다른 투자 감각은 철저한 자기분석 능력에서부터 비롯된 것이다.

셋째, 친구와 함께 힘을 모았다.

워런의 눈덩이는 아직 작았다. 하지만 작은 눈덩이도 굴리면 언젠가는 커질 수 있었다. 다만 시간을 단축하기 위해서는 좀 더 효율적인 방법이 필요했다. 워런에게 그것은 친구였다. 워런은 자기 혼자의 힘으로 돈을 모으는 것보다 때로는 친구와 도움을 주고받는 게 필요하다는 것을 알고 있었다. 워런은 자기에게 없는 능력을 가진 친구를 알아보았다. 핀볼 게임기 사업을 할 때도 자동차 사업을 할 때도 워런은 도널드의 재주를 함께 끌어들여 사업을 벌였다.

다른 누군가와 함께할 때는 서로에 대한 신뢰가 절대적이었다. 도널드는 고등학교 시절뿐만 아니라 사회에 나간 후에도 워런과 함께했다. 워런이 투자 조합을 세울 때 2만 5000달러를 투자함으로써 워런의 버크셔 해서웨이의 주주가 되었고, 그 후로도 워런의 회사 주식은 단 하나도 팔지 않고 보유했다. 도널드는 자신의 자산을 불려 주는 워런의 투자 감각을 절대적으로 신뢰했고, 평생 매일 아침 일어나자마자 버크셔 해서웨이의 주식이 얼마나 올랐는지 확인하는 일을 낙으로 삼고 있을 정도였다.

친구와 힘을 합할 줄 알았던 워런 버핏의 곁에는 지금 현재 '찰리 멍거'라는 유능한 변호사이자 투자 분석가가 함께하고 있다. 어린 시절뿐만 아니라 워런은 평생에 걸쳐 자신과 힘을 합해 시너지를 낼 수 있는 파트너를 알아보고 그들과 힘을 합해 더 큰 성공을 도모했던 것이다.

함께 일한다고 모두가 부자가 되는 것은 아니다. 아무 생각 없이 그냥 함께한다면 그저 일회적인 경험으로 끝나고 말 것이다. 하지만 그 경험을 통해 많은 것을 배우고 노하우를 쌓는 사람은 결국 승자가 된다. 워런과 그의 투자 감각을 볼 줄 알았던 친구들이 부자가 된 것처럼 말이다.

"돈을 모으는 것은 눈덩이를 언덕 아래로 굴리는 것과 비슷합니다. 눈을 굴릴 때에는 긴 언덕 위에서 하는 것이 중요합니다. 저는 56년짜리 언덕에서 굴렸습니다. 그리고 잘 뭉쳐지는 눈을 굴리는 것을 좋아했습니다. 처음 시작할 때는 작은 눈뭉치가 필요할 것입니다. 나는 신문 배달을 해서 그 돈을 마련했습니다."

워런은 1997년 한 강연회에서 이렇게 말했다.

자신의 꿈을 향해 걸어가는 것도 워런이 부자가 되는 길과 비슷하다. 누구나 꿈을 향한 작은 눈덩이를 만들어야 한다. 하지만 무턱대고 만든다고 해서 눈덩이가 만들어지는 것은 아니다. 워런은 자신에게 맞는 눈덩이를 굴리기 시작했다.

숫자 계산에 탁월한 재주가 있고 장사에도 소질을 타고났던 워런이지만 그도 완벽한 인간은 아니었다. 워런은 자신이 무엇을 잘하는지 고민했고 잘할 수 있는 일에는 열정을 다해 도전했다. 또 부족한 부분이 있다면 그것을 개선하기 위해 끊임없이 노력하는 노력파였다. 혼자서 다 할 수 있다는 식으로 잘난 체를 하지도 않았

고, 오히려 자신의 부족한 부분을 채우기 위해 친구들과 힘을 합할
줄도 알았다. 워런의 관심은 누군가를 이기는 것과 같은 경쟁이 아
니라 자신의 꿈 자체였다.

그런 노력들이 모여 큰 눈덩이가 되고 점점 더 눈덩이가 커질수
록 그는 백만장자라는 꿈에 성큼성큼 다가갈 수 있었다. 워런의 어
마어마한 부는 어린 시절부터 시작된 작은 노력들에서 비롯된 것
이다.

워런 버핏이 알려 주는 부자들의 비밀 정보

"버는 자랑을 하지 말고 쓰는 자랑을 하라!"는 우리의 옛말이 있다. 아무리 잘 벌어도 쓰는 것을 제대로 하지 못하면, 즉 사치를 하는 등 제대로 쓸 줄 모르면 소용이 없다는 뜻이다.

워런은 '부자가 되겠다'는 목표가 있었고, 그 목표를 이루기 위해서는 '종잣돈'이 필요하다는 것을 일찌감치 간파했다. 워런은 어려서부터 돈을 쓰기보다는 모으는 것을 좋아했고, 주식이나 복리에 대한 책을 읽고 나서부터는 자신의 꿈을 이루기 위해서는 돈을 어떻게 써야 하는지를 분명하게 계획했다.

종잣돈 만들기

워런에게 최초의 종잣돈은 120달러였다. 그 돈은 여섯 살 때부터 5년간 모은 돈이었다. 여섯 살 때 아빠가 여섯 살이 된 기념으로 20달러를 주었는데 워런은 20달러를 간식을 사 먹거나 친구들하고 노는 데 탕진해 버리지 않았다. 물론 시대적 분위기가 돈을 흥청망청 쓸 수 없는 불황의 한가운데 있긴 했지만 아빠에게 선물로 받은 용돈을 쓰지 않고 고스란히 모을 수 있는 어린아이는 흔치 않다. 워런은 껌을 팔고 콜라를 팔면서 돈을 모아 120달러를 만들었다. 그리고 열한 살 때 그 돈을 주식에 투자했고 약 5달러의 이익을 남겼다.

그 후 중학교, 고등학교 시절에도 워런은 끊임없이 돈벌이에 골
몰했는데 여자 친구와의 데이트 비용으로 써 버리거나 술을 마시
는 데 써 버리거나 하지 않았다. 그는 돈을 쓰기 위해 버는 것이 아
니라 모으기 위해 돈을 벌었다.

그 결과 워런은 고등학교를 졸업할 당시 약 6000달러의 돈을 가
지고 있었다. 그 돈은 당시 성인들의 평균 연봉의 두 배가 넘는 금
액이었다. 그리고 몇 년 후 대학을 졸업할 때 워런의 자산은 9800
달러로 불어나 있었다. 자신의 취미인 돈벌이에만 푹 빠져 지낸 그
는 다른 학생들은 이제 막 돈벌이의 필요성에 눈을 뜨기 시작하는
스무 살, 이미 9800달러를 가진 자산가가 되어 있었다. 그 돈을 종
잣돈 삼아 워런은 부자를 향한 자신의 길을 탄탄하게 정비할 수 있
었다. 워런은 긴 인생길의 출발선에 서서 그 종잣돈을 굴리기 시작
했다.

꿈을 이루기 위해서는 많은 공부가 필요하다

남들과 똑같이 하면 평범해질 뿐이야

고민하면 더 좋은 방법이 나와

워런은 중학교 시절 학교 공부에 두각을 드러내는 학생은 전혀 아니었다. 오히려 워싱턴으로 옮겨 온 후 성적은 하위권으로 떨어졌고 학교생활도 점점 엉망이 되어 갔다. 그러나 워런은 여전히 공부를 계속하고 있었다. 바로 '사업 공부'였다.

워런이 여전히 도시 생활에 적응하지 못한 채 방황하고 있을 즈음 뜻밖의 전화 한 통을 받았다. 오마하에 있는 아빠 친구인 밀러 씨였다. 그는 곤경에 처했다며 급한 목소리로 말했다.

"워런, 아저씨 좀 도와주겠니? 우리 회사의 워싱턴 창고에 콘플레이크 수백 킬로그램과 개 사료 수백 상자 재고가 잔뜩 쌓여 있는데 그 창고 물량을 갑자기 다 처분해야 하게 생겼다. 그걸 제때 처리하지 못하면 회사에서 잘리게 생겼단다. 난 지금 워싱턴에서 2000킬로미터나 떨어져 있으니 네가 좀 도와줘야겠다. 워싱턴 주변에 내가 아는 사업가는 워런 너밖에 없단다.”

워런의 눈이 반짝였다. 맘에 드는 장사나 아르바이트 자리도 구하지 못한 채 갑갑한 도시에 갇혀 지내던 워런에게 아저씨의 제안은 오히려 반가웠다. 더구나 아저씨는 워런을 ‘사업가’라고 부르며 재주를 인정해 주니, 더욱 그 기대에 부응하고 싶은 의욕이 일었다. 밀러는 워런을 잘 알고 있다는 듯이 한마디 더 덧붙였다.

“워런, 그것들을 처리한 후 수익의 반은 네가 가져라. 아저씨한테는 반만 보내 주면 된단다. 어떠냐? 너에게도 좋은 기회 아니겠니?”

얼마 후 엄청난 분량의 콘플레이크와 개 사료가 워런의 집 마당에 가득 쌓였다. 마당은 물론 지하실까지 빼곡하게 채우고도 공간이 부족했다. 산더미처럼 쌓인 재고 앞을 오락가락 서성이며 워런은 깊은 고민에 빠졌다.

‘어떻게 할까? 어떻게 하면 이 사료들을 다 처리할 수 있을까? 무슨 좋은 방법이 없을까? 묵은 콘플레이크와 개 사료…… 누가 이것들이 필요할까?’

워런은 계속해서 궁리를 했다. 문제가 있다면 답도 분명히 있을 터, 좋은 방법이 어딘가에 있으리라고 믿은 것이다. 묵은 콘플레이크와 개 사료는 사람이 먹을 음식은 아니었다. 그렇다면 동물이 있는 곳에 수요가 있을 게 분명했다. 워런은 농장을 생각해 냈다.

"그래 맞아. 닭이나 오리, 개 등을 기르는 농장이나 동물보호소에는 값싼 사료가 필요할 거야. 단 재고를 처리하는 것이니 값은 조금 저렴해야겠지!"

워런은 주변의 농장과 동물보호소 등을 샅샅이 뒤지며 돌기 시작했다. 또 가정에서 닭이나 개 등을 기르는 집들도 일일이 다 방문했다. 창고에 쌓여 있는 쓸모없는 물건이라 할지라도 다른 사람에게는 쓸모 있는 물건이 될 수도 있다고 워런은 생각했고, 워런의 생각대로 값싼 동물 사료를 필요로 하는 사람들은 의외로 꽤 많았다. 쌓여 있던 재고들은 순식간에 동이 나게 되어서 워런은 100달러 상당의 돈을 벌 수 있었다. 그리고 워런의 몫은 그 절반인 50달러였다.

"워런! 정말 대단해. 결국 해낼 줄 알았다. 고맙다. 네 덕분에 회사에서 잘리지 않을 수 있게 되었구나. 하하하."

50달러. 워런은 자신의 자산에 50달러를 다시 더하면서 말할 수 없는 기쁨과 성취감을 느꼈다. 자신의 재능을 인정해 주는 아저씨의 말 한마디도 큰 힘이 되었다. 그 일은 낯선 환경에서 실의에 빠져 있던 워런이 다시 자신감을 찾는 작은 계기가 되었다. 워런은 워싱턴에서 자기가 할 수 있는 일을 적극적으로 고민하기 시작했고 신문 배달이라는 돌파구를 찾았다.

열정은 평범한 일도 비범하게 만들 수 있어

신문 보급소장은 처음에는 체구도 작고 약해 보이는 워런이 맘에 들지 않았다. 제대로 신문을 돌릴 수 있을까 싶었기 때문이다. 하지만 막상 일을 시작하고 나서 시간이 흐를수록 워런은 자신의 숨은 역량을 유감없이 발휘했다. 워런이 일을 잘한다는 소문이 보급소마다 퍼져 나갔고, 다른 신문 배달원보다 훨씬 더 많은 수익을 거둘 수 있었다.

워런은 어떻게 해서 지극히 평범한 신문 배달 일을 통해 남다른 성과를 거두고 인정을 받을 수 있었을까?

첫째, 일을 바라보는 마인드가 남달랐다.

신문 배달 일은 동네 남자들이면 누구나 할 수 있는 흔한 아르바이트였지만 워런은 그 평범한 일을 남들 하듯이 그럭저럭 하면서 똑같은 봉급을 받을 생각은 전혀 없었다. 워런은 그 일을 자신의 '사업'으로 인식했다.

"난 CEO야. 이 신문 배달 사업을 성공하기 위해서 나는 무엇을 어떻게 해야 할까?"

이것이 워런이 일을 추진해 나가는 모토였다. 출발선에 선 마인드 자체가 달랐던 것이다. 단순히 용돈을 버는 아르바이트로 생각할 때는 그 일을 더 잘하기 위해 고민할 필요가 없었다. 그저 정해진 분량만큼 시간을 채우면 될 일이었다. 하지만 자기 꿈을 위해 나가는 사업이라고 생각한 사람은 접근 방법부터 달라진다. 대충 시간을 때우는 식이 아니라 정해진 시간 내에 최고의 성과를 거두기 위하여 발버둥을 치게 되는 것이다. 그것이 바로 워런의 스타일이었다.

둘째, 그냥 열심히 하는 것이 아니라 머리를 썼다.

사업을 성공시키겠다는 의욕에 불타는 워런은 잠시도 멍하니 있지 않았다. 끊임없이 연구하고 고민하면서 좋은 방법들을 생각해 내야 했기 때문이다. 그냥 열심히 성실하게 하는 것만으로는 열정이라 할 수 없다. 그 정도는 누구나 하기 때문이다. 워런은 더 나은 성과를 얻기 위해 끊임없이 고민했다.

우선 가장 효과적인 배달 경로를 나름대로 개발했다. 처음에는 지도를 가지고 다니면서 표시를 하며 배달 순서를 익혔고, 모든 위치들을 익힌 다음에는 가장 빠르고 효과적인 배달 동선을 개발했다. 그리고 신문을 각 집 문 앞으로 정확하고 신속하게 던지는 방법도 개발해 냈다. 같은 시간 내에 더 많은 신문을 돌릴수록 더 많은 돈을 받는 것이었으므로 워런은 갈수록 다른 배달원보다 많은 돈을 받을 수 있었다.

구독료를 받는 것도 대단히 중요한 업무 중의 하나였다. 구독료가 밀린 채 이사를 가 버리면 그 책임을 배달원이 져야 했다. 워런은 열심히 번 돈을 비양심적인 구독자들 때문에 손해를 보지 않기 위해 구독료 관리에 전략을 세웠다.

워런은 아파트 관리인들이나 누가 이사를 간다는 정보를 주는 주민들에게 공짜 신문을 선물한다거나 하는 방식으로 이사 날짜를 알아냈고, 구독료를 떼이는 불상사를 막기 위해 밀린 구독료를 집요하게 받아 나갔다.

셋째, 자신의 영역을 계속 확장해 나갔다.

워런은 처음에 아침 신문인 『워싱턴 포스트』를 돌렸다. 그 후 『워싱턴 타임스 헤럴드』까지 돌렸고, 나중에는 석간 신문인 『이브닝 스타』까지 돌리게 되었다. 보급소장의 인정을 받기 시작한 것이다. 그런 식으로 워런은 자신의 영역을 조금씩 넓혀 갔다.

신문의 종류뿐만 아니라 배달 구역도 점점 넓혀 나갔다. 나중에는 워싱턴 일대에서 가장 중요한 지역인 웨스트체스터 구역까지 맡게 되었다. 그곳은 유명인이나 사회적 지위가 높은 사람들이 사는 고급 동네로서 숙련된 어른 배달원이 담당하던 지역이었지만 보급소장은 워런의 역량을 높이 평가했고 그에게 웨스트체스터 구역을 맡긴 것이다. 웨스트체스터 구역은 이전에 맡았던 구역보다 훨씬 더 힘들었지만 그만큼 워런은 자신만의 노하우를 쌓아 나갔고, 그 결과 일대에서 가장 유능하고 돈을 많이 버는 신문 배달원이 될 수 있었다.

워런이 신문 배달을 본격적으로 시작하던 중학교 시절은 친구관계나 학교생활, 성적 등 모든 면에서 제대로 적응하지 못하던 시기였지만, 신문 배달에서만큼은 의욕과 재미를 느꼈다. 그 사실 하나만으로 신문 배달은 워런의 인생에서 좋은 경험이 되었다. 한 가지 일이라도 남들과 다르게, 비범하게 창조해 본 사람은 일하는 법을 배울 수 있다. 원리를 터득하는 것이다. 그 원리를 터득한 사람은 다른 종류의 일을 맡아도 잘 해낼 가능성이 크다. 자기 자신에 대한 자신감, 신뢰를 가지고 있기 때문이다.

우리는 모든 일에 잘 적응하고 다 훌륭하게 해낼 수는 없다. 어떤 한 가지만이라도 자신의 존재감을 드러내고 엔도르핀이 나오도록 즐겁게 할 수 있는 긍정적인 일이 있다면 어려운 여건도 견뎌 나갈 수 있는 것이다. 워런에게 신문 배달은 자신의 존재 가치를 확인시켜 주고 꿈을 향해 달리고 있다는 보람을 느끼게 해 주는 반딧불과 같았다.

학교에서는 더 배울 게 없는 것 같아

바깥 세상에 나가 보고 싶어

워런은 신문 배달에 마음을 붙이고 의욕적으로 추진해 나갔지만 그 외의 생활에 있어서는 여전히 불안정하기 짝이 없었다. 워런은 몇몇의 불량한 친구들과 어울리며 크고 작은 비행을 저지르기도 했다. 그 무렵 워런의 얼굴에는 어린 시절의 재기 발랄한 의욕과 자신감 대신 반항기만이 가득 서려 있었다.

"학교는 시시해. 학교에서 배우는 것들은 내 꿈을 이루는 데 전혀 도움이 되지 않는 엉뚱한 내용들뿐이야. 시간이 아까울 정도야. 스릴 있는 세상을 경험해 보고 싶어!"

워런은 바깥세상이 궁금했다. 학교 밖 세상, 가정의 울타리 밖의 세계를 보고 싶었다. 좀이 쑤시던 워런은 친구들을 꼬여 가출을 감행했다. 부모님에게는 알리지 않고 무작정 집을 나선 것이다.

"나가 보자고. 펜실베이니아에 가 보자. 거기 있는 골프장에서 캐디로 일하면 돈도 벌 수 있고 색다른 경험도 할 수 있을 거야."

워런은 자유를 찾아 가출을 감행했지만 세상은 그가 생각하는 것만큼 호락호락하지 않았다. 호텔에 묵었다가 호텔 직원에게 가출 사실을 들켜 순찰대원의 심문을 받고 겨우 풀려나기도 하고, 차를 얻어 타지 못해 무작정 걷기도 하고, 결국은 트럭을 빌려 탔다가 가출을 눈치챈 트럭 기사에 의해 집으로 실려 오고 말았다.

"워런, 네가 얼마나 멋대로 행동하고 있는지 아직도 모르겠니? 로저 어머니는 충격을 받아 병원에 입원까지 하셨다!"

가출은 그렇게 해프닝으로 끝나고 말았다. 워런의 부모는 워런에게 실망하지 않을 수 없었다. 그러나 워런의 행동은 여기서 그치지 않았다. 그 무렵 워런은 워싱턴에서 두 번째로 오래된 마을인 텐리 타운에 있는 시어스 백화점에 가서 곧잘 어슬렁거렸는데 급기야 재미 삼아 도둑질까지 하기 시작했다. 스포츠 용품점에서 골프 용품에 손을 댄 것이다. 한 번 두 번 들키지 않고 넘어가자 재미가 붙었고 좀 지나서는 아예 일상이 되어 버렸다. 워런의 방에는 날이 갈수록 골프공들이 쌓여 갔다.

하루는 이상하게 여긴 워런의 아빠가 물었다.

"워런, 도대체 이 골프공들은 어디서 난 거니?"

워런은 친구가 주었다고 둘러댔지만 하워드는 아들의 상태가 정상적이지 않다는 것을 직감했다.

"워런, 넌 도대체 뭐가 되려고 그러니? 그따위로 행동하고 다닌다면 백수밖에 더 되겠니?"

선생님들은 이렇게 말하며 혀를 차곤 했다. 워런의 성적 또한 오마하에 있을 때보다 훨씬 떨어졌다. 예전에는 A학점을 많이 받았지만 중학교에 올라가서는 C학점, D학점이 수두룩하게 많아졌다.

내가 원하는 일을 위해서는 원치 않는 일도 참아야 해

중학교 시절 워런은 자신이 어디로 가는지도 모른 채 달리고 있었다. 분명한 것은 자신의 꿈인 백만장자의 길에 가까워지고 있는 것은 아니라는 점이었지만 정작 본인은 잘 깨닫지 못했다. 어렴풋이 자신이 잘못되어 가고 있다는 것을 느끼면서도 워런은 스스로 제동을 걸지 못한 채 휩쓸리고 있을 뿐이었다.

중학교 졸업을 앞둔 시점, 워런의 부모는 또 학교에 불려 가야 했다.

"워런 버핏은 도저히 졸업을 시킬 수가 없습니다. 성적이나 생활태도 등 모든 면에서 졸업을 시키기에는 너무 부족합니다!"

불량한 태도로 일관하던 워런이 결국 중학교 졸업을 하지 못할 위기에 처한 것이다. 워런의 부모는 참담한 심정으로 애원했다.

"제발 졸업만 할 수 있도록 선처해 주십시오. 중학교도 졸업하지 못한다면 우리 워런의 앞날이 어떻게 되겠습니까? 어린 학생의 장래를 생각해서라도 너그럽게 양해해 주십시오."

중학교를 겨우 졸업할 수 있었던 워런은 1945년 고등학교에 입학했다. 워런의 아빠는 아들을 더 내버려 두었다가는 잘못된 길로 영영 빠져 버리고 말 것이라는 위기의식을 느꼈다. 그래서 워런과 진지한 대화를 나눈 끝에 이렇게 최후통첩을 했다.

"워런, 너는 우리를 많이 실망시켰다. 하지만 네가 원하는 것을 하기 위해서는 네가 원치 않는 생활도 참아야 한다는 것을 분명히 알아 두어야 한다. 네 멋대로만 한다면 우리도 너의 생활을 존중할 수가 없다. 고등학교에 가서도 계속 네 멋대로 행동한다면 너는 신문 배달을 그만두어야 할 것이다."

"네? 신문 배달을 그만두라고요?"

그것은 워런에게 가장 큰 벌이었다. 비록 학교생활에 흥미를 붙이지 못하고 밖으로 겉돌던 워런이었지만 신문 배달만큼은 의욕적으로 몇 년간 계속하고 있던 터였다. 신문 배달은 삐딱하게 변해만 가는 워런이 잡고 있는 유일한 희망의 끈이기도 했다.

"워런, 고등학교에서는 새로운 모습을 보여 주길 바란다. 너는 사업가이기 전에 학생이니까 학생의 신분에 충실해야 한다고 본다. 그러니 성적을 상위권으로 유지하기로 아빠와 약속하자. 그렇지 못하다면 그 어떤 돈벌이도 할 수 없을 줄 알아라! 알았니?”

워런은 신문 배달을 하지 못하게 될까 봐 두려웠다. 또한 자신이 좋아하는 일을 계속하기 위해서 자신이 싫어하는 일도 때로는 참고 해 나가야 한다는 사실을 인정할 수밖에 없었다. 여전히 워런은 학교를 별다른 것을 배울 수 없는 시시한 곳이라고 여겼지만 신문 배달만큼은 포기할 수 없었기에 착실하게 학교에 다니는 일을 받아들여야 했다. 신문 배달이 백만장자의 꿈으로 가는 통로라고 여겼기 때문이다.

워런 버핏이 알려 주는 경제 상식

워런의 아버지인 하워드 버핏은 주식 중개상이었다. 워런은 어린 시절부터 상인인 할아버지와 주식 중개상인 아버지의 모습을 가까이에서 지켜보면서 자신도 모르는 사이에 경제관념을 기를 수 있었다. 특히 주식을 사고파는 것을 중개하는 일을 하는 아버지의 모습은 어린 워런에게 큰 영향을 주었다. 워런은 어릴 때부터 주식 투자를 간접적으로 학습할 수 있었던 것이다.

주식 투자란?

워런은 주식 투자를 통해 백만장자의 꿈을 이뤘다. 주식에 투자하는 사람들은 주가가 낮을 때 그것을 사서 주가가 올라갔을 때 팔아 이익을 남기기를 원한다. 주가가 가장 낮을 때 사서 가장 올랐을 때 파는 게 이익을 많이 남길 수 있는 방법이지만 어떤 주식에 투자할지, 얼마나 주가가 오를지, 언제 팔아야 할지 등의 결정적인 판단이 정확할 때에만 그런 이익을 차지할 수 있다. 워런은 남다른 통찰력으로 오를 만한 주식을 알아보고 정확히 투자할 줄 알았기 때문에 성공할 수 있었다.

우리나라의 증권 거래소

서울의 여의도에 가면 증권 거래소가 있다. 증권 거래소는 말 그대로 증권을 거래하는 곳, 증권을 사고파는 곳이라는 뜻이다. 증권이란 "주식을 사들인 주주의 권리를 법으로 인정하는 문서"를 말한다. 따라서 증권을 거래한다는 것은 주식을 사고판다는 뜻이다. 주식은 대부분 증권 거래소에서 거래된다.

증권 거래소에서는 그날그날의 주가가 결정된다. 그날 최고로 오른 주가를 상한가라 하고, 그날 최하로 떨어진 주식을 하한가라고 한다. 상한가는 '↑'로 표시하고 하한가는 '↓'로 표시한다. 최고로 오르지는 않았지만 주가가 올랐다면 '▲'로 표시하고, 최하로 떨어지지는 않았지만 다소 주가가 떨어졌다면 '▼'로 표시한다. 신문 등에서 상한가, 하한가를 말하는 것은 바로 이러한 주가의 변동을 말하는 것이다.

대학은 꼭 가야 하는 걸까?

대학 공부보다는 돈을 빨리 벌고 싶은데

중학교를 졸업하던 무렵 워런은 이미 2000달러가 넘는 자산을 보유하고 있었다. 그것은 오늘날 약 2만 4000달러, 우리 돈으로 2800만 원 정도에 해당하는 금액이다. 꾸준히 신문 배달을 해서 모은 돈이었다.

고등학교 시절에도 워런은 신문 배달을 계속했는데 신문 배달로 벌어들이는 월수입이 175달러에 달할 정도였다. 그것은 당시 고등학교 교사의 월급보다도 많은 금액이었다.

거기서 만족하지 않고 워런은 신문 배달 외에도 주식에 투자했으며 친구 도널드와 함께 핀볼 게임기 대여 사업을 하는 등 돈이 될 만한 아이템을 찾아 크고 작은 사업을 계속 벌였다. 여전히 중학교 시절처럼 불안정하기는 했지만 워런은 아빠와의 약속을 지키기 위해 성적을 꾸준히 관리했고, 친구들 사이에서도 미움을 받거나 배척받지 않기 위해서 부단히 노력해 나갔다. 특히 데일 카네기의 『친구를 사귀는 방법』이란 책을 탐독하면서 자신에게 적용하는 등 친구들에게 어필할 수 있는 성격을 가지려 애쓰기도 했다.

그 결과 1947년 고등학교 졸업 무렵 워런의 자산은 6000달러로 불어나 있었다. 성적 또한 우수한 편이어서 졸업생 374명 중에서 16등을 차지했을 정도였다. 아버지와의 약속을 지킨 것이다. 졸업 앨범에 있는 버핏의 사진 밑에는 이렇게 쓰여 있었다.

'수학을 좋아함. 미래의 주식 중개인!'

중학교 때와 달리 원만하게 고등학교 시절을 마무리하고 좋은 성적으로 졸업했지만 워런은 대학 진학을 앞두고 갈등했다. 여전히 제도권 공부에 대해서는 부정적이었기 때문이다. 돈을 버는 데 굳이 학교 공부가 필요하지 않다고 생각했기 때문이다.

"저는 대학에 가고 싶지 않아요. 대학 공부보다는 사회에 빨리 나가 본격적으로 내 사업을 해 보고 싶어요. 대학 등록금도 너무 아깝다고요. 그 돈으로 차라리 주식에 투자하면 더 큰돈을 벌 수 있어요."

하워드는 당연히 아들이 대학에 진학해서 공부를 계속하기를 원했지만 워런은 하루빨리 본격적인 투자가의 길로 접어들고 싶었다. 대학 공부가 오히려 거추장스럽게 느껴졌던 것이다.

"내 꿈은 백만장자가 되는 것이고 대학 공부는 내 꿈을 이루는 데 아무런 도움이 되지 않아요. 이론적인 공부는 실제 사업을 하는 데 별로 도움이 되지 않는다고요. 더구나 저에겐 그동안 모아 온 6000달러의 종잣돈이 있어요. 굳이 대학에 가야 하나요?"

워런은 마음이 급했고 하워드는 그런 아들을 설득했다.

"그건 네가 모르는 소리야. 그까짓 6000달러 가지고 섣불리 시작했다가 모든 것을 잃을 수도 있단다."

"그동안 신문 배달을 하고 주식 투자를 꾸준히 해 오면서 사업에 어느 정도 노하우도 쌓였다고 자부합니다."

하워드 역시 아들에게 지지 않았다.

"네가 다른 아이들에 비해 많은 노하우를 쌓아 온 것은 분명해. 하지만 투자라는 것은 주먹구구식으로 하는 게 아니야. 전문적이고 치밀한 정보와 분석력이 필요해. 보다 크게 일을 이루려면 고급 교육이 필요하단다. 동네 구멍가게 수준으로 그치고 싶진 않겠지, 워런?"

워런은 더 이상 고집을 부릴 수가 없었다. 아빠의 말에 전적으로 공감할 수는 없었지만 구멍가게 수준으로 그치고 싶지 않은 것만은 분명했다.

"이제까지 쌓은 사업 감각 따위가 전부라고 착각하지 마라. 대학에 가서 경제 경영을 제대로 배워야 한다. 그래야 더 멀리 더 높이 갈 수 있는 거야."

"……."

경제 경영에 대한 공부를 깊이 하면 정말 성공적인 투자를 하고 부자가 되는 데 도움이 되는지는 확신할 수 없지만, 아빠의 의견에 따라 워런은 대학에 진학하기로 마음먹었다.

사업을 하려면 실전도 이론도 중요해

워런은 아빠의 뜻에 따라 펜실베이니아 대학 와튼 스쿨에 진학해서 경영학을 공부했다. 와튼 스쿨은 경영학 분야에서 미국 최고의 학부로서 명문이었다. 하지만 워런은 그 모든 것이 시간 낭비인 양 좀이 쑤실 뿐이었다. 다만 고등학교 시절부터 친구 사귀는 법을 익히려 부단히 노력한 결과 재치 있는 유머 감각으로 친구들 사이에서는 어느 정도 자신의 존재감을 만들 수 있었다. 하지만 여전히 워런은 옷도 촌스럽게 입었고 친구들과 어울리며 돈을 쓰거나 술을 마시는 법도 없었고 여자들에게도 인기가 없었기 때문에 학교에서의 하루하루가 지루했다.

"도대체 언제까지 이런 무의미한 생활을 계속해야 하는 거야? 이런 시간들이 나의 꿈을 이루는 데 무슨 도움이 된다는 거야?"

그러던 어느 날 워런에게 좋은 계기가 생겼다. 하워드가 네 번째 하원의원 선거에서 떨어져서 고향 오마하로 돌아가게 된 것이다. 고향 오마하. 그곳은 워런의 꿈을 잉태하고 자라게 한 곳, 워런에게 는 가장 익숙하면서도 자신감을 가질 수 있는 에너지의 원천 같은 곳이었다. 아마 하워드가 정치에 발을 들여놓지 않았다면 워런은 청소년기를 워싱턴이 아니라 오마하에서 편안하게 보냈을지 모를 일이다.

워런은 와튼 스쿨을 버리고 오마하 인근의 네브래스카 대학에서 남은 공부를 계속하기로 마음먹었다. 이번에는 하워드도 아들의 뜻을 인정해 주었다. 1949년 워런은 꿈에 그리던 고향 오마하로 가 족과 함께 돌아와 집에서 가까운 네브래스카 대학에 편입 절차를 밟았다.

오마하에서의 대학 생활은 펜실베이니아 대학 생활과는 완전히 달랐다. 워런은 의욕이 넘쳤고 졸업을 앞당기기 위해 최대한 빡빡 하게 공부 계획을 짰다. 그뿐이 아니었다. 오전에는 학교 수업을 듣 고 오후에는 자동차로 일을 나갔다. 바로 신문 배달 업무를 보기 위 해서였다. 워싱턴에서 닦여진 신문 배달 실력을 경력 삼아 워런은 시골의 신문 배달 소년들을 관리하는 일을 맡은 것이다.

"우선 자신이 맡은 지역의 지리를 완전하게 파악해라. 그리고 가 장 효율적인 동선을 찾아야 하는 거야. 그리고 신문을 던질 때는 말 이야, 이런 각도로 잡고……!"

워런은 시범을 보이면서 소년들을 지도했다. 초짜 신문 배달원 소년들에게 워런은 신문 배달의 신이었다. 최고의 신문 배달 실력을 가지고 있었고 또 푼돈이나 벌 수 있는 것이라 여겼던 신문 배달을 통해 학창 시절 2000달러를 번 신화를 가지고 있었다.

"네, 열심히 하겠습니다!"

소년들은 워런의 지도에 따라 일사불란하게 움직였다. 신문 배달 관리 일을 마치고 워런은 백화점에서 남성복과 남성용 액세서리를 판매하는 일도 했다. 물론 판매 일은 상인 기질을 기를 수 있는 신나는 일이었고, 신문 배달 관리 일과 투잡으로 뜀으로써 더 많은 돈을 벌 수 있었다. 워런은 물 만난 고기처럼 신이 났다. 오마하에 돌아온 워런은 점점 더 자신감이 커져만 갔다.

워싱턴에서 외로운 시절을 보내면서도 수년간 쌓은 사업 경험과 대학에서 배우는 경영 경제 지식들이 매일매일 융합되면서 워런을 점점 더 성장시키고 있었다. 나날이 의욕을 느끼며 공부하고 돈을 벌다 보니 서서히 제도권 공부에 대한 그의 시각도 변하기 시작했다.

"내 감각만 믿고 주먹구구식으로 사업을 벌이는 것보다는 깊이 있는 이론적 배경이 필요한지도 몰라. 대학 공부도 전혀 무의미하지는 않은 거야."

더 크게 성공하기 위해서는
더 많은 공부가 필요해

세상이 나를 몰라줘도 나는 나의 재능을 믿어

청소년기 내내 학교 공부를 무시하고 사업에만 마음을 쏟아 온 워런이었지만 오마하에서 대학 시절을 거치면서 생각이 달라졌다. 자기 혼자 사업 아이템을 구상하면서 돈을 버는 장사 수준의 사업으로는 한계가 있다는 것을 완전히 깨달았다.

"아는 게 적으면 나의 사업도 그 수준에 불과한 것이 된다. 하지만 깊이 있는 지식을 갖춘다면 더 비전 있고 더 앞서 가는 사업을 이끌어 갈 수가 있어. 아는 만큼 보이고 보이는 만큼 미래를 설계할 수 있는 거야. 대학원에 진학해서 더 깊이 있는 공부를 해야겠어."

네브래스카 대학을 졸업할 즈음 워런은 대학원 진학을 결심했

다. 몇 년 전 대학 공부는 전혀 필요 없다고 우기던 청년이 하루빨
리 대학을 졸업하고 사회에 나가려고 부산을 떨다가 정작 대학을
졸업할 때가 되자 공부를 더 하기 위해 대학원 진학을 결심한 것이
다. 하워드 역시 아들의 뜻에 적극 찬성했다.

1950년 여름 워런은 대학을 졸업했다. 다른 학생들보다 두 살이
나 어린 스무 살이었다. 그리고 고등학교 졸업할 때 6000달러였던
워런의 자산은 9800달러로 불어나 있었다. 종잣돈은 몇 년 전보다
더 불어나 있었지만 워런은 이 돈으로 성급하게 사회에 진출하기
보다는 대학원 공부를 선택했다. 아들이 대학원 진학의 뜻을 말하
자 하워드가 기뻐하며 물었다.

"어느 대학원에 지원할 생각이냐?"

"하버드요. 거기가 최고잖아요!"

"하버드라고?"

하지만 하워드가 우려한 대로 하버드는 워런에게는 조금 부담스
러웠다. 대학 과정의 성적이 나쁘지는 않았지만 그렇다고 탁월한
편은 아니었기 때문에 하버드 대학원 면접시험이 중요했다. 워런
은 자신이 가장 자신 있는 주식에 대한 발표를 준비해서 시카고로
향했다. 단 10분간의 시간. 워런은 준비해 간 주식에 대한 분석 발
표에 최선을 다했지만 결과는 좋지 않았다. 심사위원들은 냉정하
게 말했다.

"워런 버핏 군. 다음 기회에 다시 한번 도전하기 바랍니다. 아직은 준비가 부족한 것 같군요."

하버드는 미래의 리더로서 강한 리더십을 가진 학생을 원했지만 워런은 그들의 시각에서 볼 때 아직 어리고 부족했던 것이다. 자신의 해박한 주식 분석을 미처 다 말도 못 해 보고 불합격 판정을 받으니 워런은 힘이 빠졌다. 이 일은 그동안 나이를 앞서 나가는 사업 감각으로 자기 스스로에 대한 자부심이 컸던 워런에게 자존감에 상처를 주는 사건이기도 했다. 하지만 좀 더 공부를 하기로 마음먹은 이상 절망만 하고 있을 수는 없었다.

"하버드, 그까짓 게 뭔데. 좋은 대학은 하버드 말고도 얼마든지 많아. 하버드는 언젠가는 나를 놓친 것을 후회하게 될 거다. 왜냐하면 나는 곧 백만장자, 세계 최고의 부자가 될 거니까!"

이제는 내가 원하는 것을 공부하겠어!

하버드 면접에서 탈락한 이후 워런은 더 적극적으로 다른 대학원을 알아보았다. 수북하게 쌓인 대학원 광고지들 사이에서 한 장의 광고지가 눈에 들어왔다. 워런은 그것을 집어서 읽어 보았다.

"컬럼비아 경영대학원…… 교수진은…… 벤저민 그레이엄."

벤저민 그레이엄! 워런은 눈이 번쩍 뜨였다. 워런은 벤저민 그레이엄을 만난 적은 없지만 그 교수를 잘 알고 있었다. 바로 어릴 때 아빠 서재에서 읽었던 『현명한 투자자』를 썼고 『증권 분석』의 공동 저자이기도 했다. 그 책들을 읽고 워런은 깊은 인상을 받았고 책에서 가르쳐 주는 대로 주식 투자에 적용해 보면서 실전 공부를 하기도 했다. 그 벤저민 그레이엄이 컬럼비아 대학원에서 가르치고 있다니! 워런은 갑자기 하버드 불합격의 상처는 씻은 듯이 잊어버리고 설레기 시작했다.

"벤저민 그레이엄 교수님에게 배우고 싶어. 그 교수님은 어린 시절 나에게 주식이 무엇인지 가르쳐 주었지. 이제 실제로 만나서 더 깊은 가르침을 받을 수 있는 기회가 온 거야!"

워런은 컬럼비아 경영대학원에 지원서를 작성하기 시작했다. 마감 일이 얼마 남지 않은 시점이라 급하게 보낸다고 해도 날짜를 넘겨서 도착할 가능성이 컸다. 하지만 워런은 포기하지 않고 자신이 그동안 신문 배달과 사업을 해서 어떻게 돈을 벌었는지, 그리고 어떤 것을 깨달았는지, 주식 투자는 어떻게 해 왔는지, 자신이 생각하는 투자는 어떤 것인지, 부는 무엇인지에 대해 정성껏 작성했다. 비록 워런의 지원서는 날짜를 넘겨서 도착했지만 진정성과 남다른 경험이 녹아 있는 워런의 지원서는 심사위원들의 마음을 움직였다. 컬럼비아 경영대학원에서는 이 꿈 많은 워런 버핏을 합격시킨 것이다. 하버드는 워런 버핏을 놓쳤지만 컬럼비아 대학원은 시한을 넘겨 도착한 지원서에서도 새로운 가능성을 인정하고 워런 버핏을 잡을 수 있었다.

"그래! 명문대학이냐 아니냐 하는 학교 브랜드가 중요한 게 아니야. 정말 내가 원하는 것을 배울 수 있는 학교, 깊이 있는 가르침을 줄 수 있는 스승을 찾아가는 게 진짜 가치 있는 일이지. 비록 나는 하버드 대학원에서는 떨어졌지만 나의 진가를 인정해 주는 컬럼비아 대학원에 가서 거장의 탁월한 교육을 받겠어!"

워런은 드디어 자신의 의지로 자신이 원하는 공부를 찾아 맨해튼으로 떠났다. 이제 워런에게 비행 청소년의 모습은 흔적도 없이 사라졌다. 자기 스스로 공부의 필요성을 느끼는 청년으로 성숙하는 몇 년간의 시기는 워런의 인생에서 대단히 중요한 시기였다. 워런은 한때 꿈의 항로를 이탈할 뻔한 위기를 거치기도 했지만 다시 제 길을 찾았고, 이제 비상을 위한 결정적인 날갯짓을 배우러 벤저민 그레이엄을 찾아가고 있었다. 1950년대 미국 경제학 분야의 거장과 미래의 거장이 될 청년의 운명적인 만남이었다.

워런은 미래의 거장이 되기 위해 필요한 날갯짓을 배울 수 있는 준비가 된 청년이었다. 워런은 끊임없이 행동하는 도전으로 실전 경험을 쌓았고, 더 나아가 깊이 있는 공부의 필요성을 인식했던 것이다.

첫째, 자신의 꿈에 대한 정체성을 분명히 했다.

고등학교 졸업 앨범에 워런은 '미래의 주식 중개인'이라고 쓰여 있던 것처럼 워런의 주변 사람 모두 워런이 장래에 중개인이 될 것이라 생각했다. 학교 선생님들도 워런이 주식에 관심이 많고 또 일가견이 있다는 것을 알고 주식에 관련해서 이것저것 물어 올 정도였다. 아는 것이 많은 영향도 있었지만 무엇보다 꿈에 대한 자신의 정체성이 분명했기 때문이었다.

꿈꾸는 사람은 어떤 식으로든 자신의 꿈을 드러내게 된다. 아무런 꿈도 갖지 않은 사람과 별다른 차이가 없다면 그 사람은 진정한 꿈을 가지고 있다고 감히 말할 수 없으리라.

둘째, 독서를 통해 관련 지식을 쌓았다.

워런은 대학원 공부를 생각하기 훨씬 이전부터 이미 기본적인 학습을 꾸준히 해 온 젊은이였다. 바로 독서가 그 도구였다. 독서는 어린 시절부터 워런의 눈을 뜨게 해 주었다. 워런이 청소년기에 방황하며 학교 공부를 무시하던 즈음에도 독서는 워런의 지적 감각을 계속해서 성장시켜 주는 숨은 힘이었다. 와튼 스쿨을 다닐 때 워런은 이미 대학에서 배우는 대부분의 내용을 알고 있었다. 중학교, 고등학교 시절을 거치면서 경제, 경영, 주식 등에 관련된 책들은 모두 탐독해 왔기 때문에 워런은 이미 대학생 수준의 관련 지식을 가지고 있었다. 수업 시간마다 와튼 스쿨 학생들은 교수보다 해박한 지식을 줄줄 외는 워런을 보고 깜짝깜짝 놀랐을 정도였다.

셋째, 세상을 읽는 눈을 길렀다.

워런은 세상 공부에도 민감했다. 책으로만 익힌 것을 전부인 양 착각하지 않고 직접 세상을 관찰했다. 1945년 4월, 미국의 경제 공황을 극복하고 제2차 세계대전을 승리로 이끈 루즈벨트가 종전을 보지 못하고 뇌출혈로 사망했을 때 워런은 신문을 옆구리에 끼고 거리를 뛰며 신문을 팔았다.

"호외요, 호외! 루즈벨트 대통령 사망!"

1945년 8월 미국이 세계 최초로 일본의 히로시마와 나가사키에 원자폭탄을 떨어뜨렸을 때도 마찬가지였다.

"원폭 투하, 일본 항복! 호외요, 호외!"

역사의 소용돌이를 지켜보면서 워런은 세상이 어떻게 흘러가는 지, 다가올 미래는 어떻게 변해 갈지를 예측하는 것도 중요하다는 것을 깨달았다. 세상의 변화를 읽을 수 있어야 돈의 흐름 또한 읽을 수 있기 때문이다.

넷째, 보다 깊이 있는 공부의 길을 선택했다.

워런에게는 숱한 사업 경험과 주식 투자를 통한 실전 경험이 녹아 있었고, 풍부한 독서를 통해 필요한 배경지식도 어느 정도 쌓여 있었다. 그럼에도 워런은 더 큰 꿈을 위해 대학원 진학을 결심했다. 학자나 교수가 아니라 백만장자를 꿈꾼 청년이었지만 그는 더 깊이 있는 공부가 자신의 꿈을 이루는 데 필요하다는 것을 자각했다. 청소년기 내내, 대학 시절 내내, 제도권 공부가 뭐가 필요하냐며 삐딱한 시각을 가졌던 그였지만 나이가 들어 성숙해진 다음에는 새로운 시각을 가지게 된 것이다.

분명한 자신의 꿈을 발견할 수 있는가, 그 꿈을 위해 행동할 수 있는가, 열정을 뒷받침할 만큼 깊이 있게 고민하고 공부할 수 있는가? 이 세 가지를 모두 갖춘 워런은 이제 백만장자의 꿈을 향해 힘차게 걸음을 내디뎠다. 타고난 사업 감각과 열정으로 꿈을 키워 오던 한 소년이 더 넓은 바다, 더 큰 세상으로 나아가는 순간이었다. 그것은 워런에게 진정한 출발이 되었다.

워런 버핏이 알려 주는 경제 상식

워런 버핏은 항상 이기는 게임을 했다. 말하자면 승률이 대단히 높은 게임이었다. 그러나 그 모든 성공들이 우연은 아니었다. 어릴 때부터 잘 팔리는 음료수 종류를 분석하면서 장사를 하던 분석력이 기초가 되었다. 수치의 흐름과 변화를 읽어 내고 기업을 정확히 파악하기 위해 숱하게 많은 자료와 차트들을 분석하여 내린 종합적인 판단의 결과였다. 워런은 주가의 흐름을 읽고 예측할 수 있는 힘이 있었던 것이다. 워런은 요즘도 콜라를 마시며 자신의 사무실에서 기업들에 대한 자료를 숫자 하나까지도 놓치지 않고 꼼꼼히 읽어 내려가는 것을 취미처럼 즐기는 생활을 하고 있다.

이처럼 워런이 연구에 연구를 거듭하는 이유는 기업의 주가가 수시로 변하기 때문이다. 그래서 분석과 예측이 필요한 것이다.

주가는 왜 오르락내리락하는 것일까?

기업의 주식은 기업의 상황에 따라 가격이 변동한다. 그것이 주가의 변화이다. 그런데 주가를 변하게 하는 데는 여러 가지 요인이 있다. 기업이 경영을 잘하고 발전하고 있을 때는 당연히 주가가 올라간다. 특히 전망이 좋은 새로운 사업을 시작하거나 기업 이미지가 올라가 좋은 평판을 받으면 주가가 올라간다. 그런데 반대로 경영이 악화되어 그런 소문이 돌거나 불량 제품이 있다는 소식이 전해지거나 하면 주가는 내려간다.

　기업은 또한 국가의 경제 정책 등의 영향도 많이 받는다. 국가의 경제 정책에 따라 긍정적인 영향을 받을 것으로 예상이 되면 그 기업의 주가는 오르고, 반대의 경우에는 내려간다. 예를 들어 IT 산업에 대한 적극 육성책이 나온다거나 하면 IT 산업의 주가가 오르지만 사양 산업의 기업 주가는 내려갈 수 있다.

　이처럼 기업과 기업의 주가는 사회와 국가 정책의 영향을 많이 받는다. 그렇기 때문에 주가를 제대로 예측하고 분석하기 위해서는 기업을 정확히 분석하고 그 기업을 둘러싼 주변 상황과 사회의 변화, 국가의 정책 등에 대해서도 깊이 있게 통찰할 수 있어야 한다.

　그 모든 정보와 분석력이 어우러져 정확한 투자 감각이 길러질 수 있는 것이다.

원하는 것을 얻기 위해서는 기다릴 줄 알아야 한다

벤저민 선생님보다 더 뛰어난 고수가 될 거야

나를 키워 줄 사람이 필요해

워런이 하버드 대학원에 불합격하고 컬럼비아 경영대학원을 선택한 이유는 단 하나, 벤저민 그레이엄에게 배우기 위해서였다. 즉, 거장의 가르침을 받기 위해서였다. 이미 워런은 큰 꿈을 이루기 위해서는 주먹구구식 감각으로는 뚜렷한 한계가 있고, 더 깊이 들어가야 한다는 것을 인지하고 있었다. 그래서 자신에게 무언가를 줄 수 있는 스승으로서 벤저민 그레이엄을 선택한 것이다.

대학원에 입학한 그해 가을, 워런은 벤저민 그레이엄의 수업에 등록했다. 교실에는 워런보다 나이가 훨씬 많은 사람들이 대부분이었다. 초롱초롱한 눈으로 빨려 들어갈 듯이 스승을 쳐다보는 워런은 금세 벤저민의 눈에 띄었다.

"자네는 이름이 뭔가?"

"워런 버핏입니다."

"자네는 주식 투자가 뭐라고 생각하는가?"

"저는 기다리는 것이라고 생각합니다."

"기다리는 것이라고?"

"네, 어린 시절 저는 첫 주식 투자의 경험을 쌓았는데, 더 기다렸으면 400배가 넘는 수익을 남길 수 있었습니다. 그런데 판단력 부족으로 너무 일찍 팔아 버린 탓에 단 5달러의 수익을 남기는 것에 그쳤습니다. 그때 깨달았습니다. 수익이 날 때까지 담대하게 기다릴 수 있는가, 그런 결단력 있는 기다림이 있어야 주식 투자에 성공할 수 있다는 것을 말입니다."

"맞네. 주식 투자는 기다림이 필수라네. 그런데 아무것이나 기다릴 수는 없어. 우선 가치가 있는 기업의 주식을 선택하는 게 중요하지. 그렇기 때문에 주식을 보는 통찰력 있는 눈을 키워야 한다네. 주가는 하루가 다르게 오르락내리락 요동치게 마련인데 그때마다 증권시세 표시기에 나타나는 수치에만 의존해서는 현명한 투자자가 아니지. 현명한 투자자는 아직은 주가가 낮은 기업들 중에서 가치가 있는 기업들을 찾아내어 싼 가격에 주식을 사들이고, 그 기업이 미래에 성장할 때까지 기다리고 기다리지. 가치 있는 기업을 선

택하고 가치 있는 기업이 진가를 발휘할 때까지 오래 보유하여 큰
수익을 남기는 사람, 그 사람이야말로 현명한 투자자라 할 수 있네."

대학원 시절 강의실은 종종 워런과 벤저민의 대화의 장으로 바
뀌곤 했다. 워런은 나이가 많은 다른 모든 학생을 제칠 정도로 열정
과 실력과 실전 감각이 두드러졌고, 스승은 그것을 알아보았다.

벤저민은 생각했다.

'워런은 보통 애들과 달라. 저놈은 크게 될 놈이야. 공들여 가르
치고 키워야겠어!'

워런은 생각했다.

'벤저민 교수님이 가르쳐 주는 것은 단 하나도 놓치지 않고 다 내
것으로 만들어 버리겠어. 그리고 그것을 더 발전시켜서 나는 벤저
민 그레이엄이라는 거장보다 더 뛰어난 투자의 고수가 될 거야. 내
꿈의 마에스트로가 될 거야!'

청소년 시절에는 공부 따위는 꿈을 이루는 데 아무런 도움이 되
지 않는다고 무시하던 워런이었지만 이제는 단 하나라도 더 배우
려는 열정에 불타는 청년으로 성장해 있었다.

무작정 따라 하는 메아리는 되지 않겠다

벤저민 그레이엄을 투자의 신으로 동경하며 가르침을 받던 워런
이었지만 그의 가슴에는 또 하나의 결심이 새겨져 있었다. 그것은

스승을 존경하고 모든 것을 전수받되 그대로 따라 하지는 않겠다는 결심이었다.

'나는 벤저민 그레이엄의 메아리는 되지 않을 것이다. 나는 누군가의 메아리가 아니라 언젠가는 워런 버핏의 존재감으로 온전히 설 것이다!'

워런은 종종 어린 시절의 일을 생각했다. 초등학교 2학년이던 아홉 살 때 워런은 학교에서 코넷이라는 악기를 처음 배운 적이 있었다. 코넷은 트럼펫과 모양이 흡사했는데 워런은 코넷을 연주하는 데 재주가 별로 없었다. 언제나 이상한 소리를 내기 일쑤였지만 꾸준히 연습한 결과 조금씩 제대로 된 소리를 낼 수 있게 되었다. 그러던 어느 날 제1차 세계대전 휴전 기념식을 앞두고 음악 교사가 워런에게 학교 행사에서 코넷을 연주할 기회를 주었다.

"내가 코넷 연주자로 사람들 앞에 서게 되다니, 엄청난 기회야!"

혼자서 코넷을 연마해 온 워런은 기쁜 마음으로 연습에 박차를 가했다. 드디어 행사 날 다른 연주자들과 함께 워런은 체육관 무대에 나란히 섰다. 세계대전에서 전사한 사람들을 추모하는 연주를 하기 위해서였다. 지휘자가 신호를 보내자 맨 앞의 연주자가 연주를 시작하고, 한 소절이 지날 무렵 다음 연주자가 시작하면서 연주를 이어 가는 방식이었다. 워런은 긴장하여 숨을 죽이며 자신의 차례를 기다리고 있었는데 워런의 앞 연주자가 연주를 하는 데 실수를 저질렀다.

'어떻게 하지? 내가 제대로 연주를 하면 앞의 연주가 틀린 것이 다 드러나게 되고, 그렇다고 해서 앞사람과 똑같이 연주한다면 내 뒤에 서 있는 연주자들이 모두 나 같은 고민을 하다가 연주 전체가 엉망이 될 수도 있는데……. 앞의 사람을 따라 할 것인가, 아니면 제대로 연주할 것인가?'

워런은 사람들 앞에서 돌처럼 굳어져 고민을 하다가 자신이 어떻게 연주를 했는지조차 기억이 나지 않았다. 하지만 그 일을 계기로 워런은 많은 것을 생각하게 되었다.

"무작정 다른 사람을 따라 한다는 것은 위험한 거야. 앞의 사람이 틀렸을 경우 나도 같이 틀릴 수가 있기 때문이지. 나에겐 나의 길이 있어."

코넷 연주 때의 일은 청년이 된 다음에도 오래도록 워런의 가슴에 남아 그에게 영향을 미쳤다.

청년 워런 앞에 선 거장 '벤저민 그레이엄'은 이미 크게 성공한 투자의 신이었고 워런은 신출내기 청년에 불과했다. 하지만 훗날 역사가 벤저민 그레이엄을 더 크게 기억할지 아니면 워런 버핏을 더 크게 기억할지는 아무도 예측할 수 없는 일이었다.

워런은 꿈의 본격적인 출발선에 서 있었다. 꿈도 투자도 기다림이었다. 자신의 때가 이르기를 기다릴 수 있는 사람만이 마지막에 꿈을 이루는 사람이 될 수 있으리라. 워런은 그것을 잘 알고 있었다. 섣불리 판단해서 포기하거나 급하게 행동한다면 어린 시절 첫 주식 투자에서처럼 실패할 수밖에 없다는 것을 말이다. 그러나 용기를 가지고 기다린다면, 도중에 약해지거나 포기하지 않는다면 언젠가 기회가 온다는 것을 그는 굳게 믿고 있었다.

성공하는 꿈도 처음에는 실패처럼 보인다

처음에는 인정받지 못할 수도 있어

1951년 워런 버핏은 컬럼비아 경영대학원 역사상 가장 우수한 성적으로 졸업했다. 특히 벤저민 그레이엄 교수로부터 전 과목 A^+를 받았는데, 그것은 대단히 이례적인 일이었다. 그만큼 까다롭기로 유명한 벤저민 그레이엄으로부터 절대적인 신뢰와 인정을 받은 것이다. 경영학 석사 학위를 취득한 워런은 컬럼비아 경영대학원이 있는 맨하튼에서 고향 오마하로 돌아와 아버지의 주식 중개 회사인 '버핏 포크 앤드 컴퍼니'의 주식 중개인으로 일하기 시작했다.

하지만 처음에는 모든 것이 쉽지 않았다. 비록 대학원에서는 탁월한 성적을 자랑한 워런이었지만 사회는 학교와는 달랐기 때문이다. 고객들은 나이도 어린 데다 아무도 들어 본 적이 없는 회사에 투자하라고 권하는 신출내기 주식 중개인을 신뢰하지 않았다. 조금 기가 죽기도 했지만 워런은 스스로를 이렇게 격려했다.

"처음부터 잘될 수는 없는 거야. 모든 게 잘만 풀려 나간다면 성공하지 못하는 사람이 누가 있겠어? 어려운 과정을 거치고 이겨 낸 사람만이 성공할 수 있는 거야!"

하루는 하워드가 자신의 방으로 아들을 불렀다.

"워런, 고객들이 너를 싫어한다는 것을 알고 있니?"

"네?"

워런 역시 모르는 바는 아니었지만 자신의 가치를 몰라주는 고객들이 무척 야속했다.

"왜 자꾸 게이코 같은 회사를 고객들에게 권하는 거냐?"

"게이코는 가치가 있는 기업이에요. 지금은 별 볼 일 없어 보이지만 그런 만큼 주가는 현재 낮은 편입니다. 하지만 곧 성장할 게 분명하니 주가가 오를 겁니다. 가장 낮을 때 사서 가장 높을 때 팔 수 있는 겁니다."

"너의 생각은 잘 알겠다만 그런 회사는 고객들에게 잘 먹히지 않아. 오랫동안 기다릴 수 있는 사람들은 별로 많지 않거든. 몇 달 내에 성과를 볼 수 있는 그런 투자처를 알려 주길 원하지."

"하지만 그건 제가 배운 철학과는 맞지 않아요. 그렇게 단타로

치고 빠지는 투자로는 큰돈을 벌 수 없다는 것을 배워서 잘 알고 있는데, 어떻게 그런 투자처를 고객들에게 권할 수 있나요? 그것은 길게 보면 고객들을 속이는 거 아닙니까?"

"……."

하워드 역시 워런의 말을 부정할 수는 없었다. 아들의 말이 우선 틀리지 않았고 또 아들의 원칙적인 신념 역시 꺾고 싶지 않았기 때문이다. 하워드는 한 가지 더 물었다.

"어떻게 게이코의 가치를 확신할 수 있지?"

하워드가 아들에게 물었다.

"저는 게이코의 자료를 수없이 검토했어요. 그리고 직접 가 보기도 했죠."

"직접 가 봤다고?"

하워드는 뜻밖이라는 듯이 되물었다. 워런은 대학원 시절에 있었던 일을 아버지에게 털어놓았다. 워런은 다른 학생들과 달리 강의실에서 배운 것에 만족하지 않고 직접 현장에 가 보는 것을 좋아했다. 그러던 어느 날 우연히 스승 벤저민 그레이엄이 워싱턴에 본부를 둔 게이코라는 회사의 이사로 활동하고 있다는 것을 알게 되었다. 워런은 갑자기 게이코에 대해 관심이 커졌다. 자기가 존경하는 벤저민 교수가 투자하는 회사는 어떤 회사인지 알고 싶었기 때문이다.

워런은 어느 휴일 워싱턴에 있는 게이코 사무실을 찾아가 보았다. 휴일이었기 때문에 건물에는 건물 관리인 혼자 있는 것 같았다. 워런은 떨리는 마음으로 다가가 건물 관리인을 설득하여 사무실에 올라가 볼 수 있었다. 엘리베이터를 타고 6층에 올라가니 과연 어떤 한 사람이 업무에 열중하고 있었다. 아무도 없는 빈 사무실에 앉아 혼자 일을 하고 있는 그 사람을 보고 워런은 깊은 감명을 받았다. 혼자 일하고 있던 사람은 게이코의 최고 간부 중 한 사람인 로리머 데이비슨이었다.

"그는 벤저민 교수의 제자인 저를 신뢰하고 저의 질문에 정성껏 대답해 주었어요. 게이코는 고객들에게 낮은 가격의 상품을 보급하기 위해 대리점을 내지 않고 우편 판매를 실시하고 있었죠. 또한 공무원들을 주 고객으로 하고 있기 때문에 사고 배상으로 나가는 자금이 훨씬 적게 들어간다고 했습니다. 게이코는 고객 지향적인 영업과 안정적인 경영으로 성장 가능성이 많은 기업이라는 것을 저는 확신합니다, 아버지!"

아들의 말을 주의 깊게 듣던 하워드 역시 고개를 끄덕였다.

"좋아, 워런. 조금 더 두고 보자. 일을 배우는 단계니까 어느 정도 어려움은 감수해야지."

워런도 고개를 끄덕였다.

때를 기다리면 언젠가 대박을 터뜨릴 수 있어

워런 자신은 이미 대학원 시절부터 게이코라는 회사에 투자하기 시작했다. 직접 게이코에 다녀온 후 게이코에 투자하기로 어느 정도 마음을 굳혔기 때문이다. 하지만 더 정확한 판단을 위해서 관련 분야의 전문가들이나 주식 중개인들에게 조언을 구했다. 워런의 바람과는 달리 전문가들은 모두 게이코 투자를 부정적으로만 말했다.

"게이코는 고객의 수가 그리 많지 않아. 그런 회사는 투자 가치가 없다고."

"나라면 그런 유명세도 없는 평범한 회사에 투자하지 않을 걸세."

워런은 나름대로 조사를 계속했다. 직접 게이코의 재무기록을 꼼꼼히 연구해 보았다. 조사를 하면 할수록 게이코는 아직은 그리 유명한 회사는 아니지만 성장 가능성이 많은 회사였다.

"게이코는 정말 벤저민 그레이엄 교수가 말하는 '숨은 보석' 같은 기업이야. 언젠가는 주가가 크게 오를 테니 투자를 해놓는 게 현명한 선택이 될 게 분명해!"

그렇게 워런 버핏은 게이코에 자신의 돈 8000달러를 투자했다. 어린 시절부터 다져진 투자 감각과 대학원에 진학하여 전문적으로 배운 투자의 기술이 접목된 투자였다. 아무도 거들떠보지 않는 숨은 보석을 찾아낸 첫 사례였다. 워런은 언젠가 게이코의 주가가 대폭 오를 것이라 확신했기 때문에 아버지의 회사를 찾아온 고객들에게도 적극 추천할 수 있었던 것이다.

"지금 저평가된 게이코의 주식을 사 두십시오. 머지않아 크게 오를 겁니다!"

하지만 아무도 워런의 말을 귀 기울여 듣지 않았고, 심지어 워런이 주식 현실을 모르는 신출내기라고 무시하는 사람들도 있었다. 그래도 워런은 자신의 신념을 꺾지 않고 기다렸다. 기다림은 성공의 첫걸음이니까 말이다.

2년간의 기다림. 투자한 지 2년 만에 게이코의 주가는 크게 오르기 시작했다. 각 주당 가격이 두 배로 뛴 것이다. 워런은 1952년에 게이코에 8000달러를 투자했는데 1954년에는 16만 달러가 되어 있었다. 워런의 제안을 받아들여 게이코의 주식을 사들인 고객들 역시 게이코의 주가가 올라 큰 이익을 거두었다. 워런의 제안을 무시했던 VIP들은 좋은 기회를 놓친 것을 안타까워했고, 워런의 제안을 받아들였던 소수의 고객은 기뻐하며 워런을 다시 찾았다.

"워런 버핏 씨, 당신 덕분에 제가 돈을 벌었습니다. 다음에는 어디에 투자할까요?"

"게이코와 같은 숨은 보석을 또 찾아 주시오!"

신출내기 주식 중개인 워런의 존재가 드디어 오마하에서 점점 커지기 시작했다. 워런은 생각했다.

'꿈을 향한 날갯짓은 이제부터야. 오래 걸릴지라도 나는 얼마든지 기다릴 수 있어. 내 꿈을 사랑하니까, 내 꿈이 언젠가 현실로 이뤄지리라는 것을 분명하게 믿으니까. 거장에게서 나는 투자의 원리를 배웠다. 하지만 거기서 머무르지는 않아. 나는 스승의 수준을 뛰어넘어 더 높이, 더 멀리 날아갈 거야.'

워런 버핏이 알려 주는 부자들의 비밀 정보

'가치 투자'란 기업의 가치를 보고 투자하는 방식, 즉 성장할 가능성이 있는 기업의 주식을 발굴해 오랫동안 보유함으로써 많은 이익을 남기는 투자 방식을 말한다. 벤저민 그레이엄이 처음 가치 투자를 주장하였고 워런 버핏은 이를 전수받아 더욱 발전시켜 나갔다. 워런 버핏의 스승 벤저민 그레이엄은 가치 투자의 아버지라 불린다. 벤저민 그레이엄은 1934년 가치 투자의 개념에 대해 『증권 분석』이라는 책을 출간하여 "발전 가능성은 높으나 주식 가격이 낮게 책정된 숨은 보석과 같은 기업을 찾아내어 투자해야 한다"고 주장했다. 워런 버핏은 어린 시절에 이미 그 책을 읽고 매료된 바 있었다.

그 후 벤저민 그레이엄은 1949년 『현명한 투자자』라는 책을 저술하면서 "주식 시장을 하루하루 비교하여 보지 말고 장기적인 관점에서 보아야 한다"고 주장했다. 워런 버핏은 대학원에 진학할 무렵 그 책을 읽고 다시 한번 매료되었고 벤저민이 교수로 있는 컬럼비아 경영대학원에 진학했다.

어떤 기업에 투자할 것인가?

가치 투자가 성공하기 위해서는 가치 있는 기업을 선택하는 것이 가장 핵심이다. 그런데 가치 있는 기업을 판단하기란 그리 쉽지 않다. 벤저민 그레이엄이 나타나기 전까지 미국 월스트리트 금융가에서는 기업의 가치를 주먹구구식으로 판단하여 투자하는 수준이었다. 회사가 매출을 올리면 주가가 올라가고 매출이 떨어지면 주가가 내려가는 것으로 단순하게 판단하였다. 그러나 그런 근시안적인 주식 투자로는 큰 성과를 거두기 힘들다. 벤저민 그레이엄은 보다 체계적이고 합리적으로 주식의 가치를 판단할 수 있는 근거들을 제시했다. 가장 1차적인 자료로 사용된 것이 기업의 재무제표였다.

기업의 경영 상태를 알아볼 수 있는 재무제표

재무제표란 기업의 재무 상태를 보여 주는 서류이다. 재무제표에는 한 기업의 재산이 얼마인지, 매년 돈을 얼마나 버는지, 지출 및 경비는 어느 정도인지, 예금이나 대출 상태는 어떠한지, 미래를 위한 투자는 얼마나 하고 있는지 등 기업의 살림살이를 모두 담고 있다. 재무제표는 전문적인 양식으로 작성되어 있기 때문에 일반인들이 이해하기는 어렵고, 재무제표를 정확히 파악하는 데는 상당한 전문 지식이 필요하다.

승률 100%, 이기는 게임을 할 거야

인생은 타이밍이야, 기회가 왔을 때 잡아야 해!

"버핏, 뉴욕으로 오지 않겠나? 이제 자네와 함께 일할 수 있다네."

1954년 워런은 벤저민 그레이엄으로부터 반가운 전화를 받았다. 벤저민 그레이엄의 그레이엄 뉴먼사로 와서 일하자는 제안이었다. 컬럼비아 경영대학원을 졸업할 때만 해도 벤저민은 같은 유대인들만을 직원으로 채용하고 있었기 때문에 유대인이 아닌 제자를 받아들일 수가 없었다. 하지만 금융가에 유대인 차별이 점차 사라지자 그레이엄 뉴먼사에서도 유대인만을 선호할 필요가 없어졌던 것이다.

"벤저민 그레이엄 교수님과 함께 일하는 것은 나에게 절호의 기회야!"

이제 강의실에서 이뤄지는 이론 교육뿐만 아니라 현장에서 직접 스승의 비법을 전수받을 기회가 다가온 것이었다. 워런은 당장 짐을 싸서 스승에게 달려갔다. 고향 오마하에 머무르는 동안 워런은 결혼해서 이미 아내와 어린 딸이 있었다. 신혼여행을 갈 때도 '무디스 매뉴얼' 등의 기업 자료를 싣고 떠났던 워런은 자신이 가지고 있는 기업 연례 보고서와 재무제표 등 온갖 기업 관련 자료들을 가득 싣고 가족과 함께 스승이 있는 뉴욕으로 갔다.

"운영자본보다 낮은 가격으로 주식이 거래되고 있는 회사들을 찾는 게 관건이야. 그런 회사가 진짜 알짜배기라네. 숨은 보석이지. 그런데 사람들은 그걸 잘 몰라. 겉이 번지르르하면 투자 가치가 있다고 생각하며 겉보기에 별 볼 일 없으면 투자 가치가 없는 회사라고 생각하지."

워런은 마치 강의실에서 수업을 하던 시절처럼 벤저민 그레이엄이 하는 말은 하나도 빠짐없이 듣고 새기고 기억했다.

"벤저민 교수님은 그런 회사를 우스갯소리로 '담배꽁초'라고 부르지. 아직 몇 모금은 충분히 더 필 수 있는데도 버려진 담배꽁초 말이야. 버려진 탓에 아무도 거들떠보지 않지만 찾아내는 사람은 아주 쉽게 유익을 취할 수 있다는 거야. 그 비법을 완전하게 배워서 마스터하겠어."

워런은 스승이 말하는 바로 그런 회사를 찾아내기 위해 미친 듯이 자료를 읽어 내려갔다. 온갖 기업의 연례 보고서, 재무제표는 기본이었고, 미국의 신용 평가 회사인 스탠더드 푸어스의 자료, 신혼여행 때도 가지고 가서 보았던 '무디스 매뉴얼'을 마침표 하나까지 빠뜨리지 않고 읽어 내려갔다. 그것은 단순한 자료 읽기가 아니었다. 고도의 자료 분석과 판단력이 요구되었기 때문이다.

숨은 보석을 찾아내야 한다는 것이 벤저민 그레이엄의 투자 철학이었고, 그런 숨은 보석을 찾아내는 신출귀몰의 능력이 벤저민에게 있었다. 워런은 바로 곁에서 그것을 그대로 전수받았다. 그리고 서서히 스승보다 나은 재주를 보이기 시작했다.

그대로 따라 하지 말고 나만의 스타일을 만들어야 해

거장은 거장을 낳는다. 벤저민 그레이엄은 미래의 거장을 제자로 받아들여 비법을 전수했고, 미래의 거장은 스승의 비법을 완전히 빨아들여 자신의 것으로 만들었다. 또한 워런은 거기서 머무르지 않고 더 나아가 스승과는 다른 자신만의 투자 비법들을 만들어 갔다. 만약 벤저민에게 배운 그대로에서 머물렀다면 워런 버핏은 백만장자의 꿈은 이뤘을지는 모르지만 세계 최고의 부자, 세계 최고의 투자가의 경지에는 이르지 못했을 것이다. 그런데 워런은 한 발 더 나아갔다.

배움은 자신을 발전시키는 하나의 도구이자 과정일 뿐이다. 진짜 배움이란 외부로부터 배운 내용을 자기 안에서 체화시키는 과정에서 일어난다. 그것은 일종의 화학 반응과 같은 것이다. 내 것이 아닌 것이 내 안에 들어와 내 안의 여러 가지 세포들과 적응하며 전혀 새로운, 이전의 나보다 나은 나를 만들어 내는 과정. 그 화학 반응을 더 깊이, 더 다양하게 경험한 사람일수록 남보다 뛰어난 경지에 이른다. 여기서는 수익을 남기기 위한 투자 방법이 무엇이냐를 말하고자 함이 아니라 워런이 스승에게서 배운 것을 토대로 자신에게 더 잘 맞는 자신만의 스타일을 만들어 갔다는 게 중요한 것이다.

워런은 벤저민과 어떻게 달랐을까?

첫째, 비밀 투자 원칙이다.

벤저민 그레이엄은 수업 시간 등을 통해 자신의 주식 정보를 상당히 공개하곤 했다. 대학원생들은 벤저민 교수가 흘린 정보를 참고하여 주식 투자를 하기도 했다. 하지만 워런은 조금 달랐다. 워런은 모든 주식 투자 정보를 철저하게 비밀에 부쳤고, 가족이나 가까운 친구들에게도 말하지 않았다.

그가 지인을 모아 투자 조합을 설립하여 투자 사업을 벌일 때도 어디에 무엇을 투자할 것인지에 대해서는 워런이 전적인 권한을 가지고 주도했고 관련 정보를 상세하게 공개하지 않았다. 투자자들 역시 워런의 판단과 투자 감각을 100% 신뢰하고 관여하지 않았다. 그것이 그들 사이의 합의된 약속이었다.

이처럼 워런은 투자 정보가 새어 나가지 않도록 비밀스럽게 진행했다. 모든 사람이 알게 된다면 그 순간부터 그것은 투자 정보가 아니라 상식이 된다. 그러면 투자를 해도 최대치의 수익을 거두지 못할 게 분명하다고 워런은 생각했기 때문이다.

둘째, 사람 투자 원칙이다.

벤저민은 철저하게 기업 자료를 분석했고, 제자들에게도 그러한 노하우를 가르쳤다. 워런 역시 그것을 잘 본받아 자료를 그 누구보다 꼼꼼하게 검토하고 분석했고, 여기에 타고난 재주까지 더해졌다. 그런 데다 워런이 한 가지 더 집중한 부분이 있었다. 그것은 바로 기업의 경영자에 대한 분석이었다.

워런은 "기업은 사람이 움직이고, 경영자의 철학이 기업을 변화시킨다"는 믿음을 가지고 있었다. 그가 대학원 시절 게이코라는 회사에 투자하기 전에 직접 그 회사를 찾아가 간부를 만나 본 것에서도 워런의 투자 스타일은 이미 나타나기 시작하고 있었다. 그 후 스승의 그늘을 벗어나 본격적으로 자기 투자 사업을 펼쳐 나갈 때 워런은 더욱 두드러지게 자료보다 사람에 초점을 맞추는 사람 투자 스타일을 드러내었다.

셋째, 자기 확신 원칙이다.

벤저민 그레이엄은 철저하게 냉정하고 합리적인 투자를 고수했다. 그래서 어느 한 투자에 집중하기보다는 분산 투자를 강조했다. 잘못되었을 경우 피해를 최소화하기 위해서였다. 하지만 워런은 달랐다. 그 역시 안전성을 중시했지만 워런은 벤저민에 비해서 자기 육감을 믿는 스타일이었다. 무작정 자기 느낌에 따르는 것은 아니었지만 어느 정도 자료를 검토하고 확신이 든다면 올인도 서슴지 않았다. 그래서 스승이 반대하는 곳에 자기 혼자 큰돈을 투자하기도 했다.

워런의 투자 원칙이 100% 옳지 않을 수도 있다. 오히려 객관적으로 볼 때 벤저민의 투자 원칙이 더 합리적일 수 있다. 그러나 적어도 워런에게는 워런의 방식이 더 맞았다는 것이다.

그것은 자기 자신에 대한 믿음, 자기 판단에 대한 신뢰였다. 워런은 타인들의 말이나 자료가 말해 주는 단편적인 정보보다는 자기 자신의 판단을 믿었다. 전문가의 조언이 아무리 신뢰할 만해도 분석한 자료가 아무리 방대해도 최종 판단을 내리는 것은 자기 자신이었고, 모든 자료와 조언을 토대로 판단해 보았을 때 확신이 든다면 워런은 망설이지 않고 투자했다. 서른다섯 살에 백만장자가 되겠다는 꿈을 정한 다음에는 아무리 옆에서 부정적인 말을 해도 귀기울이지 않고 그 꿈만을 향해 달려왔듯이 말이다.

서른두 살, 3년 앞당겨 꿈을 이루다

우리는 워런 버핏을 믿어!

벤저민 그레이엄의 밑에서 투자의 비법을 전수받은 워런 버핏은 1956년 고향 오마하로 돌아왔다. 벤저민 그레이엄이 재계에서 은퇴를 선언했기 때문이다. 스승은 자신의 뒤를 이어 제자가 회사 경영에 참여해 주기를 원했다. 20대 중반의 워런에게 회사 경영을 당부할 만큼 워런은 스승의 절대적인 신뢰와 인정을 받았던 것이다.

하지만 워런은 언제까지나 스승의 그늘에 있을 생각은 전혀 없었다. 워런은 벤저민에게서 투자의 비법을 배우기 위해 그 회사에 다녔을 뿐, 벤저민이 없는 회사를 맡고 싶지는 않았다. 경영을 맡는다 한들 그것은 어디까지나 벤저민 그레이엄의 회사일 뿐 워런의 것은 아니었기 때문이다.

"이제 스승의 그늘에서 벗어나 나의 사업을 펼칠 때야. 배울 것은 어느 정도 다 배웠다. 앞으로는 스승에게서 배운 것을 더욱 발전시키면서 내 스타일의 사업을 펼쳐 나가야 한다. 드디어 때가 된 거야."

벤저민 그레이엄이 재계 은퇴를 선언한 것은 워런에게 오히려 도약의 기회가 되었다. 때를 기다려 온 워런은 자신의 때가 다가오고 있음을 직감했다. 고향 오마하로 돌아오면서 워런은 생각했다.

'나 혼자만의 개인 투자로는 한계가 있어. 주식 투자를 좀 더 조직화하고 기업화해야 해! 그래야 더 크게 투자하고 더 크게 수익을 올릴 수 있어! 벤저민 그레이엄 교수 역시 회사를 세워서 큰 수익을 거두었잖아.'

워런의 생각은 거기까지 미쳤다. 벤저민 그레이엄이 투자 회사를 설립하여 평생 운영해 온 것처럼 워런 역시 자기 혼자가 아닌 여러 투자자의 힘을 모아야 한다는 것을 깨달았다. 열한 살 때 누나 도리스의 돈까지 끌어들여 주식에 처음 투자했던 일이 생각났다.

"어릴 때는 누나가 함께 했지만 지금은 누가 나와 함께 주식 투자에 동참해 줄 수 있을까? 나를 신뢰해 줄 수 있는 사람들이 필요해."

워런의 주변에는 그의 실력과 감각을 절대적으로 신뢰하는 지인들이 있었다. 우선 어릴 때 최초의 주식 투자에 동참했던 도리스 누나가 있었다.

“워런이 한다면 기꺼이 나도 투자하겠어!”

워런이 어릴 때 껌과 콜라를 팔 때 사용한 초록색 가방을 준 고모 앨리스도 있었다.

“우리 워런이 한다면 믿고 내 돈을 투자할 수 있네.”

가장 든든한 후원자는 워런의 아내인 수잔 톰슨의 아버지, 톰슨 박사였다. 톰슨 박사는 늘 사위를 ‘우리 대장님’이라고 추켜세울 정도로 워런을 신뢰했다.

“우리 대장님이 움직인다면 나는 무조건 투자할 걸세. 세상의 그 누구보다 난 워런을 믿어. 자네라면 내 전 재산을 모두 맡긴다고 해도 불안하지 않네!”

“나를 믿어 준 사람들을 절대로 실망시키지 않을 거야. 나를 믿어 준 사람들을 반드시 부자로 만들어 줄 거야. 다른 사람들을 부자로 만들어 주는 것이 나의 행복이자 내가 진짜 성공할 수 있는 길이야!”

도리스 누나와 매형은 워런에게 1만 달러를 투자했다. 어린 시절부터 워런을 끔찍하게 귀여워하던 앨리스 고모가 3만 5000달러를 투자했다. 와튼 스쿨 시절부터 워런의 남다른 능력을 알아본 친구 척도 5000달러를, 심지어 척의 어머니 또한 2만 5000달러를, 변호사가 된 어린 시절의 고향 친구 댄 모넨이 5000달러를 투자했다. 그들은 모두 워런의 가족이거나 친구들이었고, 한결같이 워런이 자신들을 부자로 만들어 줄 것을 믿었다. 워런을 포함하여 일곱 명이 함께 모였다.

　1956년 5월 1일 드디어 스물여섯 살의 워런 버핏은 그들과 함께 '버핏 어소시에이츠'라는 자기 이름을 딴 투자 조합을 설립하게 되었다. 지인들과 함께 모은 투자 자금은 10만 5100달러였다. 워런 주변의 사람들이 자신들의 소중한 자산을 워런의 회사에 투자한 것이다. 이후에는 고등학교 시절부터 워런과 함께 사업을 해 본 도널드 데인리도 투자에 동참했다.

　그들의 투자는 워런을 돕겠다는 인간적인 정이라기보다는 큰 이익이 나기를 기대하는 마음에서 비롯된 것이다. 일종의 거래관계이다. 하지만 그들은 분명히 워런을 인간적으로도 신뢰했고, 워런을 절대적으로 믿을 수 있기 때문에 투자할 수 있었다. 믿지 못했다면 자신들의 소중한 자산을 워런 버핏이라는 한 사람에게 맡기지 않았을 것이다.

　워런의 투자 사업에 동참한 사람들의 공통점은 모두 워런 버핏을 믿는다는 것이다. 그들이 믿은 것은 과연 무엇이었을까?

　우선 워런의 능력을 믿었다. 그들은 모두 워런을 가까이서 지켜보아 온 사람들이었기에 워런의 투자 감각에 대해서만큼은 가족처럼 잘 알고 있었다. 그래서 워런에게 돈을 맡기는 것이 손해 볼 일은 아니라는 것을 확신할 수 있었다.

단순히 워런의 능력만을 보고는 투자할 수 없다. 더 중요한 것은 워런을 신뢰할 수 있느냐 하는 점이었다. 아무리 능력이 뛰어나도 사기꾼에게 돈을 맡기지는 않을 테니까 말이다.

"사업가에게 신뢰와 정직은 생명보다 중요한 것이다."

워런은 어려서부터 상인인 할아버지와 사업가인 아버지로부터 이러한 경제 교육을 받아 왔고, 자기 스스로도 신뢰와 정직을 가장 소중한 자질이라 믿었다. 그 결과 워런은 주변 사람으로부터 신뢰라는 것을 얻을 수 있었다. 그리고 신뢰는 실질적인 자금으로 이어졌다.

'능력'과 '신뢰'! 이 두 가지는 어떤 분야에서 어떤 일을 하게 되더라도 필수적으로 필요한 자질이다. 워런에게는 그 두 가지가 있었기에 사람들의 투자를 이끌어 낼 수 있었다.

단 한순간도 내 꿈을 의심한 적이 없어!

워런 버핏이 투자 조합을 만들어 본격적으로 주식 사업에 뛰어들었던 1950년대 말은 미국 주식 시장이 상승세를 보이던 호황기였다. 비록 워런은 어린 시절 세계 역사상 유례가 없던 경제 대공황을 겪으며 자라난 세대였지만 반면에 주식 투자 사업가로서 활동하던 시기에는 주가가 고공행진을 이어가던 시기였던 것이다.

이러한 흐름에 힘입어 워런 버핏의 '버핏 어소시에이츠'는 시작한 지 3년 만에 투자 금액을 두 배의 수익으로 불렸고, 5년이 될 무렵에는 초기 투자에서 251%의 놀라운 수익을 거두었다. 이는 주가 상승기임을 감안한다고 하더라도 대단한 성장이 아닐 수 없었다. 같은 기간에 다우존스의 상승률은 전체적으로 74% 정도인 것을 보면 워런의 상승률이 얼마나 급격한 것인지를 알 수 있다.

그 결과 1962년 워런 버핏을 제외하고 여섯 명이라는 적은 수의 투자자로 시작한 버핏 어소시에이츠의 조합원 수는 약 90명으로 불어나 있었고, 그들 중 상당수는 최소한 10만 달러 이상씩 투자한 거물들이었다. 마침내 버핏 어소시에이츠는 720만 달러를 확보하게 되었고, 그 가운데 워런 버핏의 몫은 100만 달러로 불어나 있었다.

"100만 달러! 드디어 내 꿈을 이뤘어. 서른다섯 살이 아닌 서른두 살에!"

1962년 어느 날, 자신의 몫의 금액을 확인하는 순간 워런은 어린 아이처럼 기뻐서 야단이었다. 원래 목표로 했던 서른다섯 살보다 3년이나 앞서 꿈을 이룬 워런 버핏은 세상을 다 얻은 것처럼 기쁨과 자신감에 넘쳤다.

'서른두 살의 백만장자'는 화려한 성공이었다. 더구나 1960년대의 백만장자는 지금의 백만장자보다 훨씬 더 대단한 재력가를 의미했다. 워런은 누구보다 빨리 자신의 꿈을 이루었다. 하지만 단순히 서른두 살이라는 숫자만으로 그의 성공을 가늠할 수는 없다. 왜

냐하면 시작점을 생각하지 않을 수 없기 때문이다.

워런이 꿈꾸기 시작한 것은 1941년이었다. 열한 살의 워런은 친구 스튜 앞에서 당당하게 "나는 서른다섯 살에 백만장자가 될 거야"라고 외쳤다. 물론 친구도 누나도 귀담아듣지 않았다. 하지만 친구 앞에서 외치기 전부터 진즉에 백만장자의 꿈을 마음속에서 키워 왔던 워런은 자신의 꿈을 확신했고, 그 후로 20여 년 동안 단 한순간도 흔들리지 않았다.

그리고 1962년에 드디어 그 꿈을 이루었다. 거리에 나가 껌을 팔던 꼬마가 백만장자를 꿈꾸기 시작한 지 20여 년 만에, 지인들과 더불어 투자 조합을 만든 지 6년 만에 자신의 목표를 이룬 것이다.

자신의 꿈을 향해 20여 년 동안 한 치의 흔들림도 없이 달려온 워런 버핏! 물론 그의 주변에는 어릴 때부터 경제 개념을 불어넣어 준 할아버지와 아버지, 그리고 벤저민 그레이엄이라는 스승, 함께 투자에 뛰어들어 준 지인들이 있었다. 그 모든 사람의 도움이 없었다면 워런은 자신의 꿈을 이루기가 상당히 힘들었을 게 분명하다. 그리고 타고난 투자 감각, 스승에게 배운 투자 비법, 복리의 마술, 자료 검토의 치밀한 노력 등의 경제학적인 전략 또한 한몫을 했다.

하지만 그런 도움의 힘을 아무리 크게 인정한다 하더라도 궁극적으로 워런 버핏의 성공은 자신의 꿈에 대한 '간절한 자기 확신'과 '오랜 기다림'의 결과였다.

워런 버핏이 알려 주는 부자들의 비밀 정보

워런 버핏은 이미 어린 시절 경제 관련 도서들을 탐독하면서 '복리'의 개념에 대해 깨우쳤다. 같은 돈을 투자하고도 훨씬 더 많은 이익을 남길 수 있는 부자들의 비밀 정보, 복리! 흔히 '복리의 마술'이라고도 하는데, 이 복리의 마술을 제대로 활용하려면 또 다른 요인이 필요하다. 그것은 바로 '시간'이다. 시간이 흐를수록 복리의 마술은 더욱 큰 힘을 발휘한다. 작은 눈덩이도 복리의 마술을 활용하여 긴 언덕에서 오래도록 구르면 엄청난 크기의 눈덩이가 되는 것이다. 워런은 그것을 잘 간파하여 아주 일찍부터 작은 눈덩이를 아주 긴 언덕에서 굴리면서 오래 기다릴 줄 알았다.

왜 시간이 흐를수록 이익이 커질까? '복리의 마술'

복리란 '이자에 이자가 붙는 것'을 말한다. 즉, 은행에 돈을 저금했을 때는 일정한 이자가 붙는데 복리라는 것은 첫 원금에 대해 이자가 붙는 것에서 그치는 것이 아니라 이자가 붙은 원금에 대해서 계속해서 이자가 붙어 나가는 방식이다. 시간이 지날수록 원금에 이자가 붙고 이자가 붙은 합계가 다시 원금이 되어 이자가 발생되므로 수익률이 그만큼 커지게 된다. 이제 비해 단리는 원래의 원금에 일정한 비율의 이자만 더해지므로 복리에 비해 수익률이 크게 떨어진다.

　주식은 복리의 원리가 적용된다. 주식을 사서 되팔지 않고 오래 보유하고 있으면 시간이 지날수록 주식 투자가 복리로 계산되어 수익이 커지는 것이다. 벤저민 그레이엄은 바로 이런 점을 주목하고 가치 있는 기업의 주식을 사서 오래 보유해야 복리 효과를 크게 볼 수 있다고 주장하였고, 워런 역시 스승의 가르침에 따라 가치 투자에 집중했다. 가치 투자가 실질적으로 효과를 거두려면 가치 있는 기업을 볼 수 있는 눈이 있어야 하므로 벤저민 그레이엄은 좋은 기업을 어떻게 선택할 것인가에 대해 끊임없이 연구했고, 워런 버핏은 스승의 가르침에다 자신만의 통찰과 감각을 더하여 워런 스타일의 투자를 만들어 갔던 것이다.

5장

이익이 아니라 '소중한 가치'에 투자하다

드디어 엄청난 부의 비밀을 알게 되다

정직한 사람만이 꿈을 크게 키울 수 있어!

워런의 투자는 언제나 처음에는 다른 사람의 눈에 이상스럽게 비치곤 했다. 버크셔 해서웨이라는 섬유 회사에 투자할 때도 마찬가지였다. 워런은 남들이 거들떠보지 않는 이 회사에 대해 알아보기 시작했다. 그는 검토 과정에서 버크셔 해서웨이 자회사 중 낯익은 이름을 발견했다. 게이코였다.

"주당 7.6달러에 거래되고 있군. 하지만 게이코의 가치는 결코 이 정도가 아니야. 게이코가 건전하게 투자를 하고 있는 부분과 숨겨진 자산을 감안한다면 게이코의 주당 가격은 적어도 그 두 배는 훨씬 넘지."

투자 가치가 있다고 판단한 워런은 은밀하게 버크셔 해서웨이의 주식을 사들였다. 비록 수년간 적자를 내고 있었지만 성장 가능성이 있으므로 주가 역시 올라갈 것이라 판단한 것이다. 비밀리에 진행했지만 어느새 워런이 주식을 사들이고 있다는 사실이 버크셔 해서웨이 사장인 시베리의 귀에도 들어갔다. 시베리가 워런에게 연락을 해 왔다.

"워런 버핏 씨, 당신이 보유한 우리 회사의 주식을 제가 사고 싶습니다."

워런은 버크셔 해서웨이로 시베리를 찾아갔다. 적자가 계속되고 있는 회사인데도 사장실은 회사 전체의 규모에 비해 지나치게 화려했다. 그리고 시베리는 아무런 양해도 구하지 않고 약속 시간을 훨씬 지나서 나타났다. 워런은 그 모든 것을 주도면밀하게 관찰했다.

"얼마면 주식을 팔겠습니까?"

"한 주당 11.5달러를 생각하고 있습니다."

"그 가격이라면 당신이 보유한 우리 회사 주식을 모두 팔 것을 약속할 수 있습니까?"

워런은 잠시 생각한 후에 대답했다.

"약속하겠습니다."

"좋습니다. 그렇게 하기로 합시다."

워런은 시베리의 약속을 믿었다. 그러나 며칠 후 워런은 충격적인 발표를 접해야 했다. 시베리가 워런과의 약속을 무시한 채 자기 회사의 주식을 공개 매입한다는 것이었다.

'버크셔 해서웨이의 주식을 한 주당 11.375달러에 공개 매입!'

가격 또한 워런과 약속한 금액보다 낮았다. 수천 주를 보유한 워런으로서는 한 주당 가격이 12.5센트가 차이가 날 경우 생각했던 총액과는 완전히 다른 결과가 나왔다. 워런은 다른 사람을 시켜 시베리의 의중을 타진해 보았지만 엉뚱한 대답이 돌아왔다.

"나는 워런과 약속한 적이 없습니다. 약속을 했다고 하더라도 우리 회사 주식 가격을 얼마든지 내 맘대로 결정해서 사는 건데 뭐가 문제입니까? 주식을 팔고 싶으면 내가 말한 가격에 군소리하지 말고 팔라고 하세요."

시베리의 부도덕한 행태에 분노한 워런은 오기와 승부욕이 발동했다.

"기업은 욕심 많은 사람이 수작이나 부리는 부패한 장난감이 아니야. 깨끗한 경영 철학을 가진 사람이 기업을 아름답게 키워 갈 수 있는 것이다. 시베리처럼 수작이나 부리고 더러운 이익이나 남기는 사람은 절대로 용납하지 않겠다."

워런은 시베리가 제시한 가격에 주식을 팔기는커녕 오히려 적극적으로 다른 주식까지 확보하기에 나섰다. 버크셔 해서웨이에 영향력을 행사하는 사람들을 찾아가 그들을 설득하여 그들이 보유한 버크셔 해서웨이의 주식을 사들였다. 워런은 점점 더 많은 주식을 보유하더니, 마침내 버크셔 해서웨이 주식 전체의 49%를 차지하기에 이르렀다. 즉, 버크셔 해서웨이의 이사회에 자리를 배정받아 실질적으로 경영에 참여할 수 있는 권한을 갖게 된 것이다.

가치 있는 기업을 통째로 사는 거야!

경영난에 허덕이는 버크셔 해서웨이는 두 개의 공장만 남기고 나머지를 폐쇄했으며 1만 명의 직원을 내보냈다. 워런은 이런 위기를 무능하고 사리사욕만 채우려는 경영진에 원인이 있다고 판단하고, 경영진을 교체하기로 마음먹었다. 시베리 스탠턴과 그의 아들이며 시베리의 후계자로 내정되어 있던 잭 스탠턴으로부터 워런은 버크셔 해서웨이의 경영권을 빼앗았다. 그리고 경영 정상화를 위해 다음 경영자로 기술직 간부인 켄 체이스를 선택했다. 켄 체이스는 현장 기술 간부로서 기업의 나아갈 방향에 대한 분명한 철학이 있는 인물이었다.

1965년 5월, 워런 버핏은 정식으로 버크셔 해서웨이 이사회에서 새 회장으로 선출되었고, 켄 체이스를 새 사장으로 임명했다. 몇 년에 걸쳐 장기적인 안목으로 주식을 사들여 온 결과였다.

"버크셔 해서웨이의 남아 있는 두 개의 공장은 어떠한 일이 있더라도 지켜 나갈 것입니다. 남아 있는 2500명의 직원들에 대한 구조

조정이나 해고도 절대로 없다는 것을 약속드립니다. 이제 우리는 힘을 모아 버크셔 해서웨이를 건실한 기업으로 다시 일으켜 세울 일만 남았습니다."

워런 버핏은 버크셔 해서웨이의 직원들에게 이렇게 약속했다. 워런은 경영에 간섭할 생각은 전혀 없었다. 다만 쓰러져 가는 기업에 새 힘을 불어넣어 성장시키는 것, 그래서 그 기업의 보유 가치를 높이는 것에 열정을 쏟고 싶을 뿐이었다.

버크셔 해서웨이의 절대적인 주주가 된 워런은 남아 있는 공장을 계속 가동하도록 했지만 수익률이 높은 사업은 될 수 없었다. 그래서 워런은 이익률이 낮은 사업의 돈을 이익률이 높은 사업에 재투자함으로써 투자의 실익을 챙겨 나갔다.

그러나 무엇보다도 버크셔 해서웨이에 투자한 가장 큰 수익은 바로 워런이 새로운 부의 창출에 대해 본격적으로 눈을 뜨게 된 것이었다. 기업의 주식에 투자함으로써 주로 돈을 모아 온 워런은 버크셔 해서웨이라는 기업을 자기 손에 넣음으로써 기업 자체에 투자하는 방식에 눈을 떴다.

"엄청난 부의 비밀은 바로 이것이야. 주식 투자는 기업 가치 투자에 비하면 새 발의 피처럼 작은 투자에 불과하지. 정말 크게 꿈을 이루려면 기업 자체를 송두리째 사들여서 그 기업을 키워 나가는 거야. 주식 투자와는 비교할 수도 없는 큰 부를 얻을 수 있을 것이다!"

기업의 가치가 오를 것을 미리 예측하고 주가가 오르기를 기다리던 주식 투자의 방식에서 한 발 더 나아가 워런은 성장 가능성이 엿보이는 기업을 통째로 사들여 자신이 직접 그 기업의 가치를 성장시켜 나가는 적극적 전략을 확인한 것이다.

누구나의 인생에서도 그러하듯이 워런의 인생에서도 기회는 우연처럼 다가왔다. 버크셔 해서웨이와의 만남이 바로 그러했다. 우연한 만남은 워런의 인생에서는 그 어떤 사건보다 커다란 터닝 포인트가 되었다. 그러나 만남은 우연을 가장하고 다가오지만 그 만남을 가치 있게 만드는 것은 바로 자기 자신이다.

워런은 버크셔 해서웨이와의 만남을 통해 기업의 가치에 투자하는 투자의 귀재로 거듭났으며, 진정한 부의 게임은 그때부터였다.

간절히 원하는 만큼 모든 것을 걸 거야

다른 사람들이 보지 못하는 숨은 보석을 찾아라

버크셔 해서웨이의 주식을 사들이던 몇 년 동안 워런이 함께 주목했던 회사가 있었다. 바로 '아메리칸 익스프레스'였다. 아메리칸 익스프레스는 1963년 내부 횡령 사건이 발생하여 지지도가 크게 떨어졌다. 아메리칸 익스프레스의 주가 또한 폭락했다. 워런은 역량 있는 기업이 위기를 맞이한 타이밍이 기회라는 것을 직감하고 직접 발품을 팔며 조사를 했다.

"세계대전이 끝난 이후 미국의 경제는 급속도로 발전했고 사람들의 생활도 풍요로워졌어. 앞으로는 해외여행객들이 급속도로 많아질 테고, 그렇다면 해외에서 자유롭게 쓸 수 있는 신용카드가 절대적으로 필요하게 될 것이다.”

워런은 모든 주주들이 아메리칸 익스프레스 주식을 팔던 그때 오히려 아메리칸 익스프레스 주식을 집중적으로 사들였다. 그 시기는 워런 개인적으로는 대단히 힘든 시기였다. 존경하는 아버지 하워드가 암으로 위중한 시기였기 때문이다. 워런은 마치 모든 걱정을 다 잊으려는 사람처럼 주식을 사들이는 데 온 힘을 쏟았다. 그리고 1964년 결국 하워드가 세상을 떠나자 워런은 며칠 동안 집에 틀어박혀 지내더니 어느 날 갑자기 사무실에 모습을 드러내었다. 그러고는 아메리칸 익스프레스 주식을 대거 사들였다. 두 달 동안 무려 300만 달러를 투자한 것이다.

아메리칸 익스프레스, 버크셔 해서웨이 등을 거머쥔 워런은 다시 다른 기업에 눈을 돌렸다. 바로 ‘디즈니’였다. 1965년 무렵 워런은 뉴욕에 출장을 갔다가 월트 디즈니 프로덕션의 영화 〈메리 포핀스〉를 관람하게 되었다. 그런데 그가 관심을 가지고 본 것은 만화영화가 아니라 그것을 보려고 줄지어 선 사람들이었다.

“한 편의 영화를 보기 위해 가족들이 줄지어 서 있다니 놀라운 일이군. 이게 디즈니라는 브랜드의 힘이야. 앞으로는 아이들과 가족을 타깃으로 한 영화, 그리고 아이들을 중심으로 가족이 함께 즐길 수 있는 공간이 절대적으로 각광받는 시대가 도래할 것이다. 디즈니는 바로 그런 시대에 더욱 진가를 발휘하게 될 것이다.”

워런은 디즈니의 미래 가치를 발견한 것이다. 디즈니를 점찍은 워런은 그 후 즉시 400만 달러를 투입하여 디즈니의 주식을 사들였고, 버핏 어소시에이츠는 디즈니 지분 5%를 차지했다. 그리고 2년 후 디즈니는 단순히 만화 영화가 아니라 플로리다 지역에 엄청난 규모의 테마 놀이 공원을 착공하기 시작했다. 새로운 놀이 문화의 창조가 시작된 것이다. 월트 디즈니는 플로리다라는 황무지 위에 아무도 상상조차 할 수 없었던 테마 놀이 공원을 건설했다. 워런이 예견한 디즈니의 힘이 나타나기 시작한 셈이었다.

워런의 남다른 혜안과 투자 감각으로 버핏 어소시에이츠의 사업 규모는 날이 갈수록 확대되었고, 그 수익률은 다우존스 산업 평균 지수를 큰 격차로 앞질러 나갔다.

가치가 있는 일이라면 전심으로 베팅하라

워런의 일에 대한 열정은 집착으로 비칠 만큼 대단한 것이었다. 일에 대한 열정은 성공한 사람들에게서 공통적으로 볼 수 있는 핵심적인 요소이다. 워런은 단 한순간도 쉬지 않았고, 심지어는 아버지의 죽음을 앞두고서도 멈추지 않았다. 백만장자의 꿈을 이룬 후 워런의 길을 보면 가히 투자의 질주라 할 만하다.

사실 아버지의 죽음은 워런에게 큰 슬픔을 안겨 주었다. 워런에게 아버지는 정신적인 지주였기 때문이다. 장례식이 끝나고 몇 주가 지난 즈음에는 워런의 머리 양쪽이 한 움큼 빠져 있을 정도였다. 하지만 워런은 슬픔조차 에너지로 삼아 일에 더욱 집중했다.

워런이 따라간 것은 돈이 아니었다. 워런은 돈을 추구했다기보다는 자신의 꿈을 따라갔다. 사리사욕에만 눈이 멀어 탐욕에 빠졌다면 그는 큰 부자는 되지 못했을 것이다.

그는 막대한 부를 누리고 사치를 하는 일에는 전혀 재주가 없었다. 어릴 때부터 근검절약이 몸에 배어 있었고, 일찌감치 백만장자, 천만장자를 능가한 부자가 된 이후에도 한결같이 검소한 생활을 이어 나갔다. 그는 집안을 화려하게 꾸미는 것도 좋아하지 않았고, 으리으리한 저택에 사는 것도 별로 좋아하지 않았다. 그는 스물일곱 살 때 구입한 오마하의 주택에서 50년이 넘도록 지금까지 살고 있다. 그의 부에 비하면 지나치게 소박하고 평범한 집이다. 그럼에도 그는 복리로 굴릴 수 있는 돈을 주택을 사는 데 묶어 둔 것을 두고두고 후회하며 스스로 '버핏의 어리석은 짓'이라고 말하곤 했다.

그는 술을 즐기지도 않았다. 파티 같은 자리에 가서도 술을 내오면 그는 이렇게 말하곤 했다.

"차라리 이것을 현찰로 주시오."

워런에게는 돈을 쓰는 것보다 모으는 것이, 모으는 것보다 버는 것이, 돈을 버는 것보다는 자신의 꿈에 도전하고 열정을 바치는 일이 짜릿한 쾌감을 느끼게 하는 일이었다.

그의 열정은 도대체 어디서 나오는 것일까?

열정은 단순히 뜨거운 마음이 아니다. 그것은 '꿈을 향해 질주할 수 있는 에너지'이다. 그런데 그런 열정은 하루아침에 생기는 게 아니다. 오랜 훈련으로 다져진 내공이 있어야 가능하다.

하루를 열심히 뛴 사람보다는 열흘을 열심히 뛴 사람이 더 열정적일 수 있다. 열흘을 열심히 뛴 사람보다는 한 달, 그리고 일 년을 열심히 뛴 사람이 더 열정적일 수 있다. 내공이 쌓이기 때문이다. 수년을 열심히 뛴 사람은 열정이 몸에 밴다. 그런 사람들은 열심히 노력하는 것이 체질로 승화되어서 시련이 닥치거나 절망에 빠져도 열정적으로 꿈을 향해 달리는 질주를 멈추지 않는다. 워런처럼 말이다.

우리의 꿈이 워런이 투자한 한 기업이나 주식들보다 가치가 못할 리가 없다. 정말 나에게 간절한 꿈이라면 그 이유만으로 세상 그 무엇보다도 가치가 있는 숨은 보석일 것이다. 그 숨은 보석을 위해 오늘 하루뿐만 아니라 영원히 질주할 수 있는 힘이 필요하다.

워런의 열정은 하루아침에 이뤄진 것이 아니다. 그의 투자 감각이 하루아침에 이뤄진 것이 아닌 것처럼 말이다.

워런 안에는 수많은 투자 경험과 시행착오로부터 배운 교훈들, 그리고 스승으로부터 배운 깊이 있는 철학과 투자 이론이 들어 있었다. 그뿐만 아니라 끊임없이 읽어 대는 자료, 시대의 흐름에 대한 성찰 등으로 남다른 통찰력이 있었다. 워런의 투자는 바로 그러한 워런의 총체적인 판단에서 비롯되었다. 워런의 열정 또한 오랜 세월 동안 다져진 그의 내공이었다.

아버지를 잃은 슬픔 속에서도 일에 미친 듯 몰두했던 그는 아버지의 초상화를 자신의 사무실에 걸어 놓았다. 눈이 빠지도록 자료를 읽다 말고 가끔 고개를 들고 벽에 걸린 아버지의 초상화를 바라보곤 했다. 자신의 아버지에 대한 인간적인 정 때문만이 아니었다. 하워드가 생전에 보여 준 자식에 대한 사랑, 교육 철학, 경제인으로서의 철학과 열정 등이 워런의 롤 모델이 되기에 충분했던 것이다. 그 초상화를 보면서 워런은 다짐하곤 했다.

"아버지, 언제나 돈 자체보다는 가치를 추구하라는 가르침을 잊지 않겠습니다. 나는 하워드 버핏의 이름에 부끄럽지 않은 워런 버핏이 되겠습니다. 내 꿈을 향해 잠시도 쉬지 않고 질주해 나갈 겁니다!"

워런 버핏이 알려 주는 경제 상식

워런 버핏은 버크셔 해서웨이와 운명적으로 만났다. 처음에는 저평가된 버크셔 해서웨이의 주식을 사들여 주가가 올랐을 때 되팔 계획이었으나 부도덕한 경영진의 문제점을 발견하고는 아예 기업을 통째로 사들이기로 마음먹게 되었다. 워런은 버크셔 해서웨이의 주식을 꾸준히 사들였고, 마침내 전체 주식의 49%를 보유함으로써 경영권을 차지했다. 워런은 자기 스스로 경영에 간섭하지 않았지만 능력 있고 도덕성을 지닌 믿을 수 있는 경영진을 세움으로써 버크셔 해서웨이를 다시 건설해 나갔다.

주주와 지분

주식을 사들인 사람을 주주라고 하는데, 각각의 주주가 차지하는 주식의 몫을 지분이라고 한다. 예를 들어 한 기업의 주식이 전체 100주라 할 때 20주를 산 주주는 20%의 지분을 차지한 것이 된다. 이 지분이 높을수록 그 기업에 대한 주주의 영향력이 높아지는 것이다.

기업은 누구의 것일까?

지배 지분을 가지면 기업의 경영에 실질적인 영향력을 행사할 수 있다. 지배 지분이란 '기업 지배권'이라고 한다. 특정 기업의 주식을 50% 이상 소유하게 되면 기업에 대한 지배권을 확보하여 경영에 관한 의견을 결정할 수 있는 권리가 생기므로 일반적으로는 50% 이상의 지분이 지배 지분이 된다. 그러나 현실적으로 의결권 행사를 하지 않는 경우가 많기 때문에 훨씬 작은 지분으로도 한 개인 또는 일단의 개인(또는 법인)의 소유에 따라 지배 지분이 형성될 수 있다.

주식회사는 특정한 개인의 소유물이라기보다는 주주들의 회사이기 때문에 주식 보유에 따라 영향력을 행사할 수 있는 것이다.

시대의 흐름을 읽어야 새로운 승부수가 보인다

잘 풀리는데 왜 새로운 도전을 하냐고?

1967년 워런 버핏의 순자산은 100만 달러에서 훨씬 크게 불어나 1000만 달러에 이르렀다. 서른두 살에 백만장자의 꿈을 이룬 지 5년 만에 다시 천만장자가 된 셈이었다. 설립 후 12년 동안 버핏 어소시에이츠의 주당 가치는 30배나 증가해 있었다. 워런도 워런의 동반자들도 모두 큰돈을 벌 수 있었다.

"10만 달러로 시작한 우리 회사가 6500만 달러의 자산을 가진 투자 조합으로 성장하다니. 정말 옆도 뒤도 보지 않고 앞만 보고 달려온 세월이었어."

미국 월스트리트는 한창 뜨겁게 달아 있었고 버핏과 함께하는 투자자들 역시 더욱 투자 열기에 뜨거워져 있었다. 그 어느 때보다도 미국의 주식 시장에 엄청난 현금이 계속 유입되고 있었다.

이런 성황을 기회 삼아 버핏의 투자자들은 더 많은 돈을 벌 수 있으리라는 기대에 부풀어 올랐다. 그러나 워런은 문득 장밋빛 성공 전망에 의문을 제시했다.

"일이 안 풀릴 때보다 잘 풀리고 있을 때를 더 경계해야 한다. 지금의 주식 시장은 정상으로 볼 수가 없어. 너무 많은 거품이 끼어들어 있는 게 분명해. 언제까지나 이렇게 큰 상승을 이어갈 수는 없는 거야. 곧 주식 시장의 성장이 한계에 달하게 된다면 그다음에는 어떻게 되는 거지?"

그것은 불안이기보다는 '모색'이었다.

버핏 어소시에이츠의 투자자들은 수년간에 걸쳐 엄청난 이익을 남겨 왔기 때문에 언제나 그러한 수익 창출이 가능할 것이라고 기대하게 되었다. 한 번도 주가 폭락이나 손해를 경험해 본 적이 없는 호황기의 투자자들은 점점 더 큰 기대를 가지고 워런을 바라보게 되었다. 하지만 워런은 상황을 낙관하고 있을 수만은 없었다. 고수만이 느낄 수 있는 이상 기운이 전해졌기 때문이다.

"지금은 잘 돌아가고 있는 것처럼 보이지만 이 거품은 언제 갑자기 사라질지 몰라. 그때가 곧 다가온다면 우리 투자자들은 견디지 못할 거야. 그들은 언제나 이익을 내는 투자, 그것도 많은 이익을 내는 투자에 길들여져 있기 때문에 이익이 적거나 손해를 보게 되면 버티지 못할 거야."

결국 1969년 5월 워런은 주요 조합원들을 불러 모아 투자 조합의 문을 닫겠다는 자신의 결심을 밝혔다.

"우리는 지금까지 한배를 타고 여기까지 오는 동안 많은 수익을 남겼습니다. 저를 믿어 준 여러분께 정말 감사드립니다. 하지만 저는 이 시점에서 보유하고 있는 모든 주식을 처분하고 제로에서 다시 시작할까 합니다. 버핏 어소시에이츠를 해체하고자 합니다!"

"뭣?"

"무슨 말씀입니까?"

투자자들은 워런의 갑작스러운 발표에 경악을 금치 못했다. 그들은 지금까지 해 온 것처럼 앞으로도 계속 워런이 자신들의 자산을 늘려 주리라 철썩같이 믿고 있었기 때문이다.

"지금의 주식 시장은 정상적이지 않습니다. 예측 불허의 시장입니다. 이런 시장에 뛰어들어 이제까지의 성공을 망칠 수는 없습니다. 우리의 질주를 여기서 그만 멈추어야 합니다. 안개처럼 모호한 게임은 위험합니다."

"그럼 어떻게 하겠다는 겁니까?"

"앞으로는 주식 투자가 아니라 다른 방식으로 투자를 하고자 합니다."

절망과 경악에 빠졌던 사람들은 다시 '그럼 그렇지. 워런이 뭔가 다른 대안이 없을 리가 없어' 하고 안도하는 표정이었다.

"다른 방식이라니 어떤 방식인데요?"

"워런, 우리도 참여하게 해 줘요."

친구들이 워런에게 재촉했다.

"버핏 어소시에이츠는 해체하고 버크서 해서웨이는 살린다, 그리고 앞으로는 주식을 사는 게 아니라 기업을 통째로 사들인다, 기업의 일부인 주식을 사들였을 때보다 기업을 통째로 사들인다면 그 수익은 상상할 수 없을 만큼 커질 수 있다! 그것이 저의 전략입니다."

사람들의 눈이 반짝였다. 워런의 확신에 찬 표정을 보고 그들 역시 확신이 들었다.

"그런 투자 방식에 우리가 동참하려면 어떻게 해야 하는 건지 가르쳐 줘요."

"나는 버크서 해서웨이의 이름으로 기업을 사들일 겁니다. 동참하고 싶다면 버크서 해서웨이의 주식을 사면 됩니다. 다른 사람들은 워런 버핏이 버크서 해서웨이 뒤에 있다는 것을 모르니 몰려들지 않을 테지만 말이죠. 투자 정보는 비밀에 부칠수록 수익은 커질 수 있으니까요."

"좋아, 나는 워런의 편에 서겠어. 끝까지 워런의 방식대로 따라

가겠어."

"좋습니다. 기존의 주식이 아니라 우리도 버크셔 해서웨이에 투자하겠소."

"저도 하겠습니다!"

물론 워런의 새로운 투자 방식을 이해하지 못하고 돌아서는 투자자들도 있었다. 그들은 "워런이 드디어 판단력이 흐려진 거야. 워런의 시대는 이제 끝났다"면서 등을 돌리기도 했다. 하지만 대부분의 투자자는 워런의 곁을 떠나지 않았다. 그들은 끝까지 워런을 믿었다.

워런은 가슴속으로 다짐했다.

'나를 믿어 주는 사람과 끝까지 함께 갈 것이다. 그리고 그들에게는 반드시 풍요와 행복을 안겨 주리라고 나 워런 버핏은 맹세한다!'

진짜 내 꿈의 투자는 지금부터야

워런이 버핏 어소시에이츠의 해체를 결심한 시점은 아메리칸 익스프레스, 디즈니 등의 주식에 투자하는 등 연이은 투자 성공으로 사업이 크게 성공가도를 달리고 있던 즈음이었다. 숨어 있는 기업에게서 가치를 발견해 내듯이 워런은 잘 돌아가고 있는 사업 흐름 속에서 위기를 발견한 것이다.

해체를 결심하기 전이던 1966년에 이미 워런은 매년 투자자에게 보내는 연례 보고서를 쓰면서 이렇게 밝힌 바 있다.

"이러한 급성장은 영원히 계속될 수 없습니다. 항상 그런 성과를 낳을 수는 없습니다. 우리는 앞으로 정상적인 이익률에 대해서도 받아들일 수 있어야 합니다."

냉정한 판단이었다. 그는 호황 속에서 이상 기운을 감지했고 모두가 주식으로 큰돈을 벌겠다고 주식을 사들이던 그 무렵 오히려 주식을 팔기 시작했다. 파산 위기에 빠져 있던 아메리칸 익스프레스에 1300만 달러를 투자하여 사들였던 주식을 1967년 3300만 달러에 팔았다. 디즈니의 주식도 팔았는데 디즈니의 주가도 상당히 올라 있어 50%의 이익을 남겼다.

다음 단계가 바로 버핏 어소시에이츠의 해체였던 것이다. 워런은 1969년 버핏 어소시에이츠의 문을 닫고 버크서 해서웨이의 이름으로 자신이 가치가 있다고 판단한 기업들을 사들이기 시작했다.

"겉으로 보기에는 잘되고 있는 것 같지만 그런 상황에 안주해서는 안 된다. 정점에 있을 때 새로운 도전을 준비해야 해. 남들이 하는 그대로 따라갈 것이 아니라 다른 사람들보다 한발 먼저 도전하는 것, 그것이 진정한 열정이다."

워런이 방향을 전환한 후 1970년대 초에 들어서자 주식 시장은 하락세로 접어들었다. 주식 시장의 호황 끝자락에서 워런은 자신의 투자 인생의 길을 선회하며 기업에 투자하기 시작한 것이다. 물론 버크셔 해서웨이라는 쓰러져 가는 섬유 회사와의 만남을 통해 기업 투자에 눈을 뜬 것이 계기가 되긴 했다. 그러나 가장 무엇보다도 워런의 냉정한 판단력이 여기서도 작용한 바가 크다.

이처럼 시대의 흐름을 읽는 것은 워런이 어릴 때부터 다져 온 감각이었다. 몇 년 전 글로벌 경제 위기로 한국의 주식 시장이 혼란에 빠졌을 때 워런 버핏은 한국의 주식 투자자들을 향해 충고한 바 있었다.

"기다려라. 기다리면 다시 상승의 기회가 온다. 위기일 때가 오히려 저가의 주식에 투자할 수 있는 기회다."

이처럼 섣불리 주식을 팔지 않고 오래도록 보유함으로써 큰 수익을 남기는 것으로 유명한 워런 버핏이지만 새로운 도전을 앞두었을 때 그는 누구보다 단호했다. 돌아가는 주식 시장의 판을 읽었기 때문이다.

통찰은 기회를 알아본다. 시대의 흐름을 통찰할 수 있는 눈을 지닌 사람은 언제나 어떤 분야에서도 앞서 갈 수 있다. 그리고 그런 통찰력은 한순간 하늘에서 떨어지듯 생기는 것이 아니고 오랜 세월의 노력과 시행착오를 통해 길러지는 내공의 영역이다.

나를 움직이는 건 돈이 아니라 가치다

꿈은 지금이 아니라 미래를 바라보는 거야

워런은 돈 버는 일을 좋아하고 그 일을 통해 성취감과 보람을 느꼈다. 그러나 그의 투자에는 그만의 철학이 있었다. 돈을 버는 데에도 철학이 있었던 것이다. 그 핵심이 바로 '가치'이다. 그런 워런의 생각은 본격적으로 기업 투자에 뛰어든 이후에 보다 선명하게 나타나기 시작했다.

"기업 윤리가 살아 있고 경영자의 열정이 살아 있는 기업! 그런 기업이 진짜 숨어 있는 보석과 같은 투자 대상이다. 나는 단순히 기업을 사는 것이 아니라 가치를 사고 싶은 것이다."

1976년의 어느 날 워런은 하나의 정보를 입수했다. 바로 게이코가 적자에 허덕이다가 파산 위기에 직면했다는 것이었다.

"게이코가 파산 위기에 직면했다고?"

게이코는 워런과 인연이 적지 않은 회사였다. 이미 대학원 시절 게이코를 알게 된 워런은 일찌감치 많은 돈을 투자했고 게이코의 주식을 오래 보유하다가 팔아서 상당한 수익을 남긴 바 있었다. 워런의 고객들 중에도 그의 제안대로 게이코의 주식을 사서 수익을 남겼었다. 더구나 존경하는 은사인 벤저민 그레이엄이 게이코의 이사로 활동한 바가 있는 데다 기업 윤리가 투철한 경영 이념을 가지고 있다는 것을 워런은 잘 알고 있었다. 그런 게이코가 1975년 1억 2600만 달러의 적자를 냈고 그 영향으로 게이코 주식은 폭락했다.

"나는 이미 게이코가 하락하기 전에 주식을 되팔아 큰 수익을 남겼지만 게이코가 파산 위기에 몰리다니 안타까운 일이다. 게이코의 기초가 탄탄하다는 것은 누구보다 내가 잘 알고 있다. 지금은 수세에 몰려 있지만 언젠가는 다시 일어설 수 있는 회사야. 내가 이 회사를 살릴 수 있는 방법이 없을까?"

게이코의 주가는 형편없이 떨어져 있었다. 사람들이 이미 등을 돌린 것이다. 그러나 워런은 당장 400달러를 투자했다. 그리고 살로먼 브라더스라는 투자 회사를 설득하여 게이코의 빚을 갚기 위한 자본을 끌어 모았다. 살로먼 브라더스가 끌어 모은 게이코 주식 구매자 중에는 버크셔 해서웨이가 상당한 비중을 차지했다. 그 결과 게이코에 대한 버크셔 해서웨이의 지분은 400달러에서 2300만 달러로 올랐다. 워런은 게이코의 부채를 정리하고 게이코가 다시 일어설 수 있도록 적극 지원했다. 마침내 게이코의 매출은 전성기 시절의 수준으로 회복될 수 있었다. 워런은 한 기업을 살려 냈고, 그 결과 더 큰 자산을 소유하게 되었다.

몇 년이 지난 1983년 워런은 또 하나의 기업을 마주한다. 바로 네브래스카 주의 오마하에 위치한 가구 회사 네브래스카 퍼니처 마트였다. 경영자는 로즈 블럼킨이라는 80세도 훨씬 넘은 여성이었다. 로즈는 작은 가게로 시작해서 네브래스카 주에서 가장 큰 가구 회사로 기업을 성장시켰으나 그 무렵 경영난에 허덕이고 있었다. 그녀는 휠체어에 몸을 의지해야 하는 상황에서도 열심히 일하며 고객에게 봉사하고 있었고, 경영난을 겪으면서도 기업 윤리를 철저하게 지키고 있었다.

"네브래스카 퍼니처 마트야말로 경영자의 정신이 살아 있는 기업이다. 술수를 부리지 않고 고객들에게 싼 제품을 정직하게 공급하며 수익을 적게 남기느라 오히려 경영난을 만난 것이다. 이런 기업이야말로 내가 찾던 기업이다. 나는 이 기업을 다시 살려 내겠다."

워런은 네브래스카 주식의 90%를 당장 사들였다. 6000만 달러(한국 돈 650억 원 상당)를 투자한 것이다. 더구나 워런은 절대로 경영에 간섭하지 않겠다고 로즈에게 약속했으며, 그녀가 계속해서 자신의 회사를 운영해 갈 수 있도록 보장했다.

"나는 하나의 가구 회사를 산 것이 아니라 그 이상의 것을 얻었다. 돈으로 셀 수 없는 가치를 지닌 경영자의 철학과 정신도 함께 얻은 것이다. 나를 움직이는 건 돈이 아니라 가치다. 진짜 투자는 돈이 아니라 가치에 하는 것이다."

게이코 살리기, 네브래스카 퍼니처 마트 살리기 등 모두가 등을 돌리는 쓰러져 가는 기업들만 골라서 투자하고 그 기업들을 살려 내는 일이 반복되자 사람들은 워런 버핏을 '오마하의 현인(賢人)'이라 부르기 시작했다.

자신이 베푼 것은 언제나 부메랑이 되어 되돌아오기 마련이다. 좋은 일을 베풀면 좋은 일이 돌아오고, 나쁜 일을 베풀면 나쁜 일이 돌아오게 마련이다. 투자에서도 마찬가지였다.

미국의 주식 시장은 1987년 무렵 급락하기 시작했는데 전문가들은 이를 조정 국면이라고 진단했다. 그때 워런의 버크셔 해서웨이도 어느 정도 영향을 받아 주당 1000달러가 넘게 급락했다. 그 결과 워런의 자산은 3억 4200만 달러 상당 소실되었다. 하지만 게이코와 네브래스카 퍼니처 마트와 같은 기업들이 승승장구하고 버티어 준 덕분에 더 큰 손해를 피할 수 있었다. 10여 년 전 워런이 자본을 끌어들여 구제한 기업인 게이코, 네브래스카 퍼니처 마트가 그 진가를 톡톡히 발휘해 준 결과였다.

내 꿈의 숨은 보석은 어디에 있을까?

시간이 지나자 주식 분석가와 전문가들은 버크셔 해서웨이가 단순한 섬유 제조 기업이 아니라는 것을 서서히 깨달았다. 버크셔 해서웨이 뒤에는 바로 워런 버핏이 있다는 것을 눈치챈 것이다. 버크셔 해서웨이가 워런 버핏이 투자하고 있는 기업이라는 사실이 알려지면 그 회사의 주가는 단 하루 만에도 10% 이상씩 올라가곤 했다.

주식에 관심이 있는 사람들은 워런 버핏이 어떤 기업에 관심을 보이는지, 어디에 투자하는지 그의 일거수일투족에 관심을 가지고 관찰했다. 전문 투자자들은 버크셔 해서웨이의 연례 보고서를 구해 읽어 보는 데 혈안이었고, 단지 워런 버핏이 작성한 연례 보고서를 받아 볼 수 있다는 사실 하나 때문에 버크셔 해서웨이의 주식을 사들이는 사람들도 생겨났다.

1985년 『포브스』가 처음으로 워런 버핏을 미국의 억만장자 목록에 올렸다. 열한 살에 백만장자를 꿈꾼 워런 버핏은 서른두 살에 백만장자의 꿈을 이루었고, 서른일곱 살에 천만장자의 대열에 들었고, 쉰다섯 살에 억만장자의 반열에 오른 것이다.

워런 버핏은 '투자의 신'으로 여겨졌다. 보통 사람들에게는 투자의 신이 어떤 방향으로 움직이는지 알아내어 그대로 따라 하는 것이 바로 부자가 되는 길이었기 때문에 저마다 워런에게 한 수 배우기를 원했다. 심지어 버핏 회장과 점심 한 끼를 같이하는 경매 비용이 60만 달러(6억 원)에 달했을 정도였다. 약 두 시간 동안의 점심식사를 하는 동안 경제 분석과 주식 투자에 대해 워런만의 지혜가 담긴 조언을 들을 수 있기 때문이다. 버크셔 해서웨이의 주주 총회 때마다 투자자들은 이렇게 묻곤 한다.

"성공적인 주식 투자의 비결은 무엇입니까?"

워런의 대답은 항상 똑같았다.

"주식 투자는 도박이 아닙니다. 사람들은 주식 투자를 도박과 비슷하게 여겨서 주식을 짧은 기간에 사고파는 단타매매(Day Trading)를 주로 하는데 주식 투자는 그렇게 해서는 안 됩니다. 기업을 열심히 분석해서 주가가 실제 기업이 가지고 있는 가치보다 낮아졌을 때 사들이고 기업의 가치가 제대로 평가받아 주가가 오를 때까지 장기간 기다린다면 반드시 큰 수익을 거두게 될 것입니다!"

이처럼 워런의 성공에는 결코 복잡한 투자 성공법이 존재하는 게 아니다. 우리는 워런의 투자 스타일에 있어서 커다란 두 가지 축을 발견할 수 있다. 그 두 가지 축은 바로 '기다림의 법칙'과 '가치의 법칙'이다.

워런에게 투자의 첫 단계는 가치 있는 숨은 보석을 찾는 일이었다. 주식에 투자할 때도 마찬가지였고, 기업 투자에 눈을 돌린 다음에는 더더욱 숨은 보석을 찾는 데 열중했다. 숨은 보석을 찾아야만 적은 비용을 투자하고도 커다란 이익을 남길 수 있기 때문이다.

그리고 두 번째 단계는 기다리는 것이었다. 즉, 가치의 법칙 이면에는 기다림의 법칙이라는 또 하나의 축이 함께 공존한다. 숨은 보석을 찾아 오래 보유한다는 기다림 말이다. 즉, 오래 기다려야 큰 수익을 남길 수 있다는 기다림의 법칙은 가치와 직결되어 있다. 다만 지금의 가치가 아니라 미래의 가치가 핵심적인 기준이다.

워런 버핏은 1988년 무렵 코카콜라의 주식을 사들이기 시작해 20년이 지난 지금까지도 주식을 그대로 보유하고 있을 정도이다. 그사이 코카콜라의 주가는 6배 이상 올랐지만 워런은 아직 팔지 않고 있다. 더 기다리면 더 오르리라 판단하고 있기 때문이다.

우리가 자신의 진로와 꿈을 정할 때도 워런의 스타일을 그대로 적용해 볼 필요가 있다.

첫 번째 단계, 가치 있는 숨은 보석과 같은 꿈을 찾는 일이다.

물론 다른 사람에게 가치 있는 일이 반드시 내게 가치가 있는 것은 아니다. 가치 있는 숨은 보석을 찾아내는 데는 워런이 투자처를 판단하는 것처럼 냉철하고 예리한 판단과 감각이 필요하다. 섣불리 기분 내키는 대로 정하는 게 아니라는 말이다.

이 책의 앞부분에서도 이야기한 바 있듯이 그렇다고 해서 내 마음의 판단을 전혀 무시하라는 뜻은 아니다. 투자자가 감정적인 판단과 이성적인 판단을 잘 조화시켜 현명한 판단을 내려야 한다는 뜻이다.

지금 당장 좋아 보이는 길보다는 10년 후, 20년 후에 가치가 있는 일을 우선적으로 고려할 수 있는 현명한 판단이 필요하다. 그것이 현명한 꿈의 투자자의 첫걸음이 되는 것이다.

두 번째 단계, 그 꿈을 위해 기다리는 것이다.

어떤 꿈을 선택하여 투자하든지 간에 기다림이 필요하다. 물론 아무것도 하지 않고 그저 시간이 흐르기를 기다리면 된다는 뜻은 결코 아니다. 당장 어떤 성과가 보이지 않고 실망하는 순간이 있더라도, 포기하고 싶은 순간이 있더라도 그 고비들을 넘기면서 열정을 잃지 말아야 한다는 뜻이다.

워런은 항상 "매일 주식 시세를 살피면서 일희일비해서는 안 된다. 투자는 길게 내다보는 것"이라고 강조한다. 조금 주가가 떨어졌다고 팔아 버리면 최후의 웃는 승자가 될 수 없다. 마찬가지로 조금 주가가 올랐다고 팔아 버리거나 안일해진다면 진정한 꿈의 승자가 될 수 없다.

꿈은 기다리는 것이다. 얼마나 기다릴 수 있는가?

물론 일찍 피는 꽃도 있다. 하지만 일찍 핀다고 해서 다른 사람보다 더 화려하고 찬란한 것은 아니다. 또 개화의 타이밍은 사람마다 인생마다 다르다. 내 꿈이 활짝 피어날 때까지 얼마나 기다릴 수

있는가? 그 꿈을 사랑한다면 기다릴 수 있으리라. 단기적인 목표가
아니라 전 인생에 걸친 커다란 꿈이라면 최소한 10년은 아무런 성
과가 없어도 묵묵히 기다릴 마음으로 시작하라. 그런 마음을 내공
으로 키워 가는 사람만이 꿈을 이룰 수 있다.

워런 버핏이 알려 주는 경제 상식

오늘날까지 미국의 증권 시장은 물론 우리나라의 주식 시장에도 많은 영향을 끼치는 것 중의 하나가 다우 지수이다. 워런 버핏의 버핏 어소시에이츠 역시 다우 지수와 비교하여 수익률의 성장을 가늠하곤 했다. 다우 지수는 미국 증권 시장의 동향과 시세를 알려 주는 대표적인 주가 지수가 되는 것이다.

또 이와 더불어 우리나라 주식 시장의 동향과 시세를 알려 주는 코스닥 지수가 있다. 다우 지수가 미국의 주식 시장을 대변한다면 우리나라의 주식 동향을 알려 주는 것으로는 코스피 지수, 코스닥 지수 등이 있다. 다만 우리나라뿐 아니라 세계 여러 나라가 미국 주식 시장의 흐름에 영향을 받기 때문에 다우 지수는 단점이 있음에도 세계 주가 지수로서 많은 영향을 끼치고 있다.

다우존스 산업 평균 지수

미국 뉴욕의 월스트리트 저널 편집자이자 다우존스 앤드 컴퍼니의 공동 창립자 찰스 다우가 창안한 주가 지수로서 DJIA, Dow 30 또는 비공식적으로 다우 지수 등으로 불린다. 미국의 다우존스사가 가장 신용 있고 안정된 주식 30개를 표본으로 해서 시장가격을 평균 산출하여 다우존스사에서 발행하는 『월스트리트 저널』에 발표한다. 우리나라 증권 거래소는 1982년 말까지 이 자료를 사용했다.

코스피 지수와 코스닥 지수

코스피 지수(Korea Composite Stock Price Index, KOSPI)는 증권 시장에 상장된 상장 기업의 주식 변동을 기준시점과 비교해 작성하는 지표이다. 1980년 1월을 기준 시점으로 이날의 종합 주가 지수를 100으로 하여 우리나라의 전반적인 주가 동향을 나타내 준다.

코스닥 지수(Korea Securities Dealers Automated Quotation, KOSDAQ)는 코스닥 시장에 상장된 기업의 주가에 주식 수를 가중한 시가 총액 지수이다. 1996년 7월 1일을 기준치 100으로 하고 있으며, 1997년 1월 3일부터 실시간으로 산출, 발표되고 있다.

코스피 지수나 코스닥 지수 모두 우리나라의 시중 주가 동향을 나타내 주는 지수라는 점은 공통인데 약간의 차이가 있다. 코스피 지수는 야구로 비유하자면 메이저리그, 코스닥 지수는 마이너리그와 비슷하나. 코스피를 구성하는 기업들은 한국 증권 거래소가 개설하는 증권 시장에 상장된 상장 기업들로서 대기업들이 중심이다. 이에 반해 코스닥을 구성하는 기업들은 코스닥 시장에 상장된 기업들로서 중소기업이나 유망 벤처 기업들이 주를 이룬다.

멋있게 벌어서
통 크게 쓰는 진짜 부자

친구 없이 돈만 많은 건 행복이 아니다

친구가 필요하다면 내가 먼저 다가가야 해

워런 버핏은 종종 '언어의 연금술사'라는 말을 듣는다. 주주 총회 때 전 세계의 주주들을 초청해서 강연을 할 때 특히 그의 유머 감각은 유감없이 발휘된다. 사람들은 그의 강연이 마치 코미디와 같다며 즐거워하면서 투자의 달인이 유머 속에 넣어서 던져 주는 투자의 지혜들에 감탄한다.

하지만 워런 버핏의 유머 감각과 친화력은 타고난 재주는 아니다. 워런은 사실 내성적인 성격의 소유자였다. 특히 중학교 시절 비행 청소년이 되었을 정도로 방황하다가 고등학교에 올라간 워런은 친구를 사귀는 일조차 힘들었다. 친구가 많지 않은 정도가 아니라 조금 소외되어 있었다. 또래 학생들은 워런을 좋아하지 않았다. 특히 여학생들은 옷도 잘 못 입고 돈도 잘 쓰지 않는 워런을 싫어했다.

"워런은 재미가 없어."

"만날 촌스러운 옷만 입고 다니고. 저 꺼벙한 표정 좀 봐."

상당수의 천재들이 어린 시절 왕따의 경험이 있는 것처럼 워런 역시 보통의 또래 아이들과 자연스럽게 섞이기에는 평범하지 않는 특별함을 가지고 있었다. 세상의 놀이나 또래 문화에 대한 관심은 전혀 없고 오직 '서른다섯 살에 백만장자가 되겠다'는 목표만 생각하는 조숙한 소년의 모습은 분명 친구들에게 인기를 끌 만한 것은 아니었기 때문이다. 처음에는 친구가 없어도 괜찮다고 생각했지만 서서히 워런도 고민이 되었다. 그는 이 문제를 놓고 골똘히 생각하기 시작했다.

'친구들은 왜 나를 싫어하는 것일까? 나도 친구들과 재미있게 어울리고 여자 친구도 사귀고 싶어.'

워런은 겉으로는 초연하려 하고 친구들보다는 백만장자가 되겠다는 꿈에 집중하는 게 훨씬 보람 있다고 자신을 위로도 해 보았지만 사실 마음이 편치만은 않았다. 워런 역시 10대의 청소년이었으므로 또래 친구나 이성 교제는 중요했기 때문이다.

책을 좋아하던 워런은 『친구를 만들고 사람들에게 영향력을 행사하는 방법』이라는 데일 카네기의 책을 구해서 읽기 시작했다. 그

책에는 데일 카네기의 대인관계에 대한 노하우가 아주 구체적으로
담겨 있었다.

- 남을 비판하지 말고 욕하지 말고 불평하지 마라.
- 관심을 가져 주고 칭찬을 해 주어라.
- 가장 듣기 좋은 말은 자기 이름이다. 이름을 소중하게 불러 주어라.
- 논쟁에서 이기는 방법은 논쟁을 피하는 것이다.
- 잘못한 일이 있으면 변명하지 말고 인정하라.
- 직접적으로 명령하기보다는 질문을 하라.
- 다른 사람을 좋게 평가하라.
- 다른 사람의 실수를 직접 지적하지 말고 체면을 세워 줘라.

워런은 책에서 나오는 내용들을 하나하나 새겨 보았다. 돌아보
니 자신이 친구들 앞에서 너무 오만하게 행동해 온 것 같았다. 친구
들에게 관심을 가져 주지도 않았고 항상 독특한 발언으로 논쟁에
서 이기려고만 했다. 별나게 굴면 오히려 친구들에게 인정받을 수
있을 줄 알았는데 자신이 잘못 생각하고 있다는 것을 깨달았다.

워런은 데일 카네기가 책에서 가르쳐 준 내용을 자신의 상황에
맞게 하나씩 적용해 나가기 시작했다. 워런이 먼저 다가서려고 노
력하자 조금씩 친구들도 워런에게 마음을 열어 주는 게 느껴졌다.

워런은 사람을 대하는 자신의 태도와 생활 습관들을 고쳐 나갔다. 체질 개선을 해 나간 것이다.

소심한 성격을 사교적으로 바꾸다

워런의 노력은 고등학교 시절로 끝나지 않았다. 대학을 갓 졸업한 워런은 유머와 대화술을 키우기 위해 사설 학원에 가서 화술 교육을 받으며 훈련을 계속했다. 물론 화술 학원을 다닌 데에는 사랑하는 여성인 수전의 마음을 얻으려는 동기도 섞여 있었다. 여하간 워런은 성공의 실마리가 언제나 사람에게서 시작된다는 것을 잘 알고 있었다.

현재 버크셔 해서웨이의 회장으로 활동하고 있는 워런은 사람들로부터 유머 감각이 넘치고 재미있다는 말을 항상 듣는데, 그 모든 것은 워런의 타고난 재주가 아니라 고등학교 때부터 부단히 이어진 그의 의도적인 노력의 결과였다. 워런은 더 이상 내성적이거나 외로운 사람이 아니다. 그의 재력이 아니더라도 그는 사람들과 소통할 수 있는 친화력을 가지고 있었다.

첫째, 먼저 적극적으로 다가갔다.

친구 문제로 고민하던 워런은 친구들을 원망하거나 비판하면서 주저앉아 있지만은 않았다. 친구가 필요하다고 판단한 그는 적극적으로 자신이 먼저 친구들에게 다가가려고 노력했다. 소통은 소통이 필요하다고 느끼는 쪽에서 먼저 노력해야 하는 것이다.

둘째, 자신의 부족한 점부터 고치려고 노력했다.

워런은 왜 자신에게 친구가 없는지 고민했다. 즉, 원인이 무엇인지를 깊이 생각한 것이고 그 원인을 상대방이 아니라 자기 자신에게서 찾았다. 모든 문제가 자기에게 있다고 스스로를 자책한 것이 아니라 자신에게서 개선할 점이 무엇인지에 초점을 맞춘 것이다.

내가 세상을 바꿀 수 없듯이 내가 다른 사람을 변화시킬 수는 없다. 내가 변화시킬 수 있는 것은 세상이나 다른 사람이 아니라 바로 나 자신이다. 워런은 친구들이 변하기를 기다리는 대신 자기 자신이 먼저 변화하려고 노력했다.

셋째, 따뜻한 유머 감각을 길렀다.

어떤 점을 어떻게 변화시켜야 하는가? 가시적인 성과를 이끌어 내기 위해서는 막연한 노력으로는 항상 부족하다. 막연히 노력한다면 힘만 들이다가 실망하고 끝나 버리기 쉽다. 워런은 구체적인 방법을 찾기 위해 먼저 책을 보았다. 그리고 책이 가르쳐 주는 내용을 자기 상황에 맞게 적용하면서 구체적으로 접근해 나갔다.

그의 노력은 단순히 고등학교 시절에 끝난 게 아니라 시간이 지날수록 더욱 구체화되어서 대학 졸업 후에는 보다 본격적으로 유머와 화술을 익히기 위해 학원에 다녔다.

그 결과 그는 유머 감각이 풍부하고 인간미가 넘치는 사업가로서 수많은 비즈니스 파트너를 얻을 수 있었고, 더욱 큰 성공을 거머쥘 수 있었던 것이다. 유머 감각이란 우스갯소리로 단순히 남을 웃기는 것만을 뜻하지 않는다. 딱딱하고 긴장된 분위기를 풀어 주는 여유, 어색한 분위기를 반전시키는 재치, 상대방의 마음을 헤아려 대화하는 배려, 그런 것들이 진정한 유머이다. 남의 외모에 대해 함부로 말해서 웃긴다거나 다른 사람의 실수에 대해 떠벌리면서 웃기는 것은 진정한 유머가 아니다. 당장 주변 사람들로부터 웃음을 이끌어 낼 수 있을지는 모르지만 마음을 얻을 수는 없다.

위런 버핏은 항상 이렇게 강조하곤 한다.

"나는 어렸을 때 내성적이고 소심한 성격이었다. 남들 앞에 서서 이야기하는 것조차 부끄러워했다. 그러나 철이 들면서 친구를 사귀는 요령을 공부하고 또 남들 앞에 서는 일도 피하지 않으려고 노력했다. 그랬더니 서서히 무대공포증도 사라지고 주변에 사람도 많아졌다. 성공하는 데 있어 의사소통 능력은 대단히 중요하다. 어렸을 때부터 그런 능력을 길러야 한다."

혼자보다는 둘이서 더 큰일을 할 수 있다

마음이 통하는 친구가 필요해

스물아홉 살의 워런은 오마하 클럽을 드나들며 지역의 유력한 인사들과 친밀한 교제를 나누었다. 그곳에 가면 사업에 관한 다양한 정보를 얻거나 깊이 있는 대화를 나눌 수도 있었다. 1959년의 어느 여름날, 워런은 그곳에서 이런저런 이야기를 나누다가 이런 말을 듣게 되었다.

"워런 씨, 당신과 아주 잘 어울릴 만한 사람을 내가 알고 있소. 당신처럼 사업에 관심이 많고 아주 열정적인 사람이죠. 아마 친하게 지낸다면 서로에게 도움이 될 것 같은 느낌이 듭니다."

"아, 그래요? 그 사람이 누구입니까?"

"찰리 멍거라는 변호사죠. 이 지역 출신입니다."

"찰리 멍거……."

워런은 찰리 멍거라는 사람이 어떤 인물일지 궁금했다. 왠지 좋은 사람을 만날 것 같은 좋은 예감이 들었다. 그리고 며칠 후 오마하 클럽을 다시 찾았을 때 정식으로 찰리 멍거를 소개 받을 수 있었다. 그것은 버핏이 자신의 회사인 버핏 어소시에이츠를 설립하고 몇 년 지나지 않아서였다.

"반갑습니다, 워런 씨. 사실 나는 당신 가문을 잘 알고 있습니다."

"저희 가문을 알고 있다고요?"

"그럼요. 나는 학생 시절 돈을 벌기 위해서 당신의 할아버지인 어니스트 버핏의 식료품 가게에서 뼈 빠지게 일한 적이 있답니다. 당신 할아버지는 절대로 급료를 넉넉하게 주는 사장은 아니었지만 말입니다."

"나도 똑같이 아픈 경험이 있지요. 어니스트 버핏 사장님은 손자인 나에게도 결코 급여를 넉넉하게 주지 않으셨죠. 아주 어릴 때도 껌 하나 공짜로 주시는 법이 없었답니다. 하하하."

그것은 또 하나의 운명적인 만남이었다. 벤저민 그레이엄이라는 거장을 통해 투자의 비법을 전수받은 워런이 장차 최고의 사업 파트너가 될 동반자를 만나는 순간이었다.

찰리와 워런은 순식간에 서로 통했다.

찰리 멍거는 하버드 로스쿨 출신의 성공한 변호사였다. 그의 집안 역시 법조계 사람들이 많았다. 할아버지는 오마하의 연방 판사 출신이었고 아버지 역시 법조인이었다. 그런 피를 이어받은 찰리 멍거도 훌륭한 법조인으로 성장해 있었다. 그러나 찰리 멍거는 단순히 법조인에서 머무르기보다는 투자에도 관심이 많았다.

'워런 버핏, 이 사람은 투자에 확실한 재능이 있어 보이는군. 자기 일에 대한 열정도 넘치고, 책임감도 있어 보여.'

찰리는 워런에 대해 이렇게 생각했다.

'찰리 멍거, 이 사람은 변호사라면서 사업에 상당한 통찰력을 가지고 있군. 사업체의 경영에 대해 상당히 의미 있는 정보를 많이 가지고 있어. 이 사람과 좀 더 친해져야겠어.'

워런은 찰리에 대해 이렇게 생각했다.

두 사람은 며칠 후 아내를 동반하고 다시 만났다. 더 친밀한 관계를 원했기 때문이다. 찰리 멍거는 곧 오마하를 떠나 자신의 활동지인 로스앤젤레스로 돌아갔지만 버핏은 수시로 멍거에게 전화를 걸어 이런저런 투자에 대해 조언을 구하기 시작했다.

'정말 알아 갈수록 깊이가 있는 사람이야. 이 사람의 조언은 객관적일 뿐만 아니라 미래를 판단하는 혜안이 있어!'

알면 알수록 워런은 자기보다 똑똑하고 풍부한 지식을 가지고 있는 찰리에게 호감이 갔다. 워런은 좋은 사람을 얻어야 더 크게 성공할 수 있다는 것을 알았다. 찰리 또한 평소에 투자에 관심이 있던 터라 투자의 달인이라 불리는 워런의 투자 감각과 경제 지식에 호기심이 발동했다. 두 사람 모두 서로에게 필요한 존재라는 것을 직감할 수 있었다.

함께하는 파트너십은 행운을 가져다준다

워런이 처음 투자 조합인 버핏 어소시에이츠를 만들 때 힘이 되어 준 사람들은 다름 아닌 그의 가족과 친구들이었다. 그들은 워런의 사업이 자리를 잡고 성장하는 데 핵심적인 디딤돌이 되어 주었다. 버핏 어소시에이츠가 성장할수록 더 많은 투자자가 모여들었고, 그들 역시 끈끈한 버핏 파트너십 안으로 들어왔다. 버핏 어소시에이츠의 싱공은 버핏 파트너십의 성공의 결과였다.

찰리 멍거와의 만남 역시 마찬가지였다. 워런은 찰리를 만나 특유의 인간미로 찰리 멍거와 버핏 파트너십을 구축했다. 예리하고 통찰력 있으며, 때로는 워런 버핏보다 더 과감하게 투자를 제안하는 찰리 멍거 덕분에 워런의 투자는 물이 올랐다. 워런 버핏은 더 과감하게 기업에 투자하기 시작했으며 나중에 버핏 어소시에이츠를 해체하고 버크셔 해서웨이를 사들여 본격적인 거물급 투자자로 급부상했다. 찰리 멍거를 만나지 않았다면 워런의 부는 지금보다는 훨씬 작았을 것이다.

워런은 어떻게 해서 그런 파트너십을 이끌어 낼 수 있었을까?

첫째, 독불장군이 아니라 힘을 합할 줄 알았다.

워런 정도의 두뇌와 돈 버는 능력, 그리고 하원의원까지 지낸 사업가 출신의 아버지 밑에서 자라는 가정환경 등을 갖추었다면 굳이 누군가의 도움이 필요하다고 생각하지 않을 수도 있다. 더구나 워런은 이미 청소년 시절부터 웬만한 어른보다 더 많은 월수입을 올리고 있었다.

그러나 워런은 끊임없이 누군가와 힘을 합했다. 처음 주식 투자를 할 때도 누나를 설득하여 자본을 합하여 투자했고, 핀볼 게임기 사업을 할 때도 친구와 함께했고, 렌터카 사업도 친구와 함께했다. 워런은 혼자서 신문 배달을 하고 혼자서 주식 투자를 하기도 하고 혼자서 자신의 모든 일을 해낼 수 있으면서도 친구들과 함께하기를 좋아했다. 그 결과 워런은 더 많은 것을 이룰 수 있었다.

둘째, 다른 사람의 능력을 인정할 줄 아는 마음이 있었다.

누군가와 힘을 합한다는 것은 나의 부족한 점을 인정한다는 뜻이 숨어 있다. 동시에 상대방의 장점을 인정한다는 암묵적인 표현이기도 하다. 자기가 제일 잘났다고 생각하는 사람은 절대로 다른 사람과 힘을 모을 줄 모르고, 모든 일을 혼자서 다 하려고 하니까 말이다. 그러나 워런은 자신에 대한 자존감도 높았지만 자신에게 부족한 점이 무엇인지, 그리고 누가 자신의 부족을 메워 줄 수 있는 지 알아볼 줄 알았다. 그래서 자신에게 없는 장점을 지닌 친구, 자신이 가진 장점과 더불어 시너지를 낼 수 있는 친구와 손을 잡았다.

셋째, 신뢰를 줄 수 있는 능력과 열정이 있었다.

이 책의 앞부분에서 살펴본 바와 같이 워런에게는 투자 감각과 능력이 있었고, 사람들을 속이며 이익을 취하려 하지 않을 것이라는 신뢰를 투자자들에게 확실히 심어 주었다. 즉, 신뢰를 줄 수 있는 능력과 열정이 있었던 것이다.

신뢰를 주지 못한다면 파트너십은 만들어질 수 없다. 단순히 무리를 지어 함께 놀고 어울린다고 해서 파트너십이 형성되는 것은 아니니까 말이다. 서로에게 도움을 줄 수 있는 상생의 파트너십을 만들어 가기 위해서는 서로에게 신뢰를 줄 수 있는 능력과 열정이 있어야 한다.

워런은 고등학교 시절부터 재주가 있는 친구들과 함께 힘을 모아 이런저런 사업을 해서 돈을 벌었다. 워런은 혼자보다는 자기에게는 없는 다른 재주가 있는 사람과 힘을 합하면 더욱 많은 일을 해 낼 수 있다는 것을 잘 알고 있었다.

그리고 찰리 멍거를 만났을 때도 그가 자신에게 필요한 사람이라는 것을 직감적으로 알아보았다. 만약 워런이 다른 사람을 무시하고 잘 인정하지 않는 오만한 인물이었다면 재주가 있는 사람들을 만나도 알아보지 못했을 것이다. 하지만 워런은 항상 오픈 마인드로 사람들을 바라보았고, 그 사람들을 인정할 줄 알았다.

워런 또한 자신의 꿈에 열정을 가지고 책임감 있게 노력하는 자세를 가지고 있었다. 서로 간의 신뢰를 바탕으로 함께 나눌 줄 알았기에 워런은 자신의 꿈을 향해 성큼성큼 다가갈 수 있었다.

이런 신뢰와 상생을 바탕으로 한 자신만의 파트너십이 있었기에 워런은 아버지로부터 유산을 하나도 물려받지 않았음에도 짧은 시간 내에 세계적인 부자가 될 수 있었다.

워런 버핏이 알려 주는 경제 상식

워런 버핏의 유머 감각이 유감없이 발휘되는 때는 바로 주주 총회 때이다. 워런은 경제 전문 용어나 금융 현상에 대해서 설명할 때도 딱딱하게 말하는 것이 아니라 유머를 섞어서 알아듣기 쉽게 말하는 재주가 있다. 2008년 워런 버핏이 빌 게이츠를 제치고 세계적인 경제 전문 잡지 『포브스』가 선정한 세계 1위 부자로 등극해 주주 총회에서 사람들의 축하를 받았을 때 그는 이렇게 말했다.

"세계 최고의 부자가 되었다고 해서 달라진 것은 아무것도 없습니다. 특히 찰리 멍거 부회장이 나를 대하는 태도가 달라진 건 전혀 없습니다."

사람들은 워런의 농담에 웃음을 터뜨렸다. 찰리 멍거 부회장 역시 워런의 유머에 이렇게 응수했다.

"버핏 회장이 세계 최고의 부자가 되었다고 해서 새로운 존경심이 생기는 것은 전혀 아니니 말입니다."

워런의 여유 있는 진행과 유머 덕분에 버크셔 해서웨이의 주주 총회는 주주들의 축제와도 같다.

주주 총회 (株主總會, general meeting)
주주 총회란 주식회사의 최고 의사결정 기관이다.
기업은 기업을 어떻게 운영해서 얼마만큼의 이익을 내었는지,

아니면 수익이 줄어들었는지 등 경영 상태에 대해 주주들에게 정확하게 알려야 할 책임이 있다. 그래서 기업은 주주 총회를 열어 주주들에게 경영 성과 및 상태에 대해 보고하는 것이다.

주주는 보유한 주식 수에 따라 주주 총회에서 의사결정권을 행사함으로써 기업 경영에 영향력을 행사할 수 있다. 워런 버핏이 버크셔 해서웨이의 기업 경영권을 취할 수 있었던 것도 보유한 주식이 많았기 때문이다.

스물다섯 살 차이, 새로운 인생을 만나다

두 거장의 운명적인 만남

워런 버핏에게 또 한 번의 운명적인 만남은 바로 빌 게이츠와의 만남이었다. 1991년 워런은 한 파티에 초대를 받았다. 미국의 부호이자 명문가인 게이츠 가문이 주최한 파티였다. 워런은 파티를 별로 좋아하는 편은 아니었지만 한 가지 기대되는 바가 있었다. 바로 당대의 젊은 부자로 일컬어지는 빌 게이츠였다.

빌 게이츠는 세계적인 기업 마이크로소프트사의 대표였고 마이크로소프트사는 세계 통신 분야를 주도하는 시대의 아이콘이었다. 넉넉한 게이츠 가문에서 태어난 빌은 미국 최고의 대학인 하버드 법대에 진학했지만 컴퓨터에 푹 빠지는 바람에 대학을 중퇴해 버렸다. 그리고 1975년 스무 살의 나이로 컴퓨터 회사인 마이크로소프트사를 설립해서 컴퓨터 운영체계인 MS-DOS와 윈도우를 개발하여 전 세계 컴퓨터 분야를 자기 손에 넣은 젊은이였다.

"컴퓨터 업계의 거인인 빌 게이츠! 정말 대단한 젊은이야."

그러나 정작 빌 게이츠는 워런 버핏에 대해 관심이 없었다. 빌 게이츠의 어머니가 워런 버핏과의 만남을 위해 파티에 꼭 참석하라고 권했을 때도 빌은 별로 내켜 하지 않았다.

"주식 투자밖에는 모르는 어르신하고 무슨 할 얘기가 있겠어요? 지루한 만남이 될 거예요."

워런 버핏과 빌 게이츠 사이에는 스물다섯 살이라는 나이 차이가 있었다. 빌은 주식과 기업 투자로 세계적인 부자의 반열에 오른 워런 버핏에 대해서는 익히 들어 알고 있긴 했지만 워런과의 만남을 별로 기대하지는 않았다. 빌에게는 워런이 돈 버는 일밖에 모르는 고리타분한 노인으로 느껴졌기 때문이다. 두 사람이 마주했을 때 먼저 유머 감각을 발휘하며 다가선 것은 빌이 아니라 워런이었다.

"빌 게이츠 씨. 난 당신을 꼭 한 번 만나고 싶었답니다. 당신은 나에게 별로 관심이 없겠지만 말입니다. 하하하."

워런은 소탈한 웃음으로 빌 게이츠에게 첫인사를 했다. 워런의 유머에 빌 역시 유쾌하게 웃음을 터뜨렸다. 지루한 만남이 될 것이라는 빌의 선입견도 조금씩 허물어지기 시작했다. 61세의 세계

적인 투자자와 36세의 세계적인 사업가의 만남은 그렇게 이루어
졌다.

빌 게이츠와의 만남은 찰리 멍거와의 만남 못지않게 워런에게
깊은 인상을 남겼다. 워런은 평소에 컴퓨터나 정보 통신 산업이 어
떻게 돌아갈 것인가에 대해 관심이 많았기 때문에 빌을 만나자마
자 그런 것에 대해 물었다. 마이크로소프트사를 창업한 젊은 컴퓨
터 천재인 빌은 자신의 일에 대한 질문을 받자 두 눈을 반짝였다.

"아, 워런 버핏 씨. 나는 이런 이야기를 정말 좋아합니다. 제가 이
야기해 드리죠."

이렇게 시작한 빌의 대답은 몇 시간이고 계속되었다. 워런이 중
간중간 질문을 던지면 그 질문에 대해 완벽하게 알려 주기 위해 빌
은 더 열심이었다. 그리고 말을 하는 내내 빌은 즐거워 보였다. 워
런은 그런 젊은 천재의 모습에 감탄하지 않을 수 없었다.

'이 친구, 자기 일을 진심으로 사랑하고 열정을 가지고 있는 게
분명해. 괜히 성공한 게 아니군. 아무리 좋은 집안에 태어났다고 해
도 젊은 나이에 큰 성공을 거둔 데에는 다 이유가 있는 거야.'

빌 게이츠 역시 워런 버핏에게 깊은 인상을 받았다. 머리가 희끗
희끗하고 투자밖에 모르는 영감이라 지루할 것이라는 빌의 예상은
완전히 빗나갔다. 워런은 마치 10대 청소년들 못지않게 호기심이
많고 재치가 있었으니까 말이다.

'워런 버핏 씨는 정말 대단하군. 나이가 많은데도 젊은 사람 못지 않게 패기가 넘칠 뿐만 아니라, 매 순간 지혜가 번뜩이고 있어. 정말 배울 게 많은 분인 것 같아.'

빌 게이츠는 워런의 막대한 재산이 아니라 워런이 가지고 있는 인품과 긍정적인 마인드에 끌렸다. 그날 밤 두 사람의 대화는 파티 장의 한쪽 편에서 끝없이 계속되었다.

의미 있는 만남이 인생의 방향을 좌우한다

두 사람 사이에는 25년이라는 나이 차이가 있었지만 거장은 거장을 알아보았고 서로 마음이 통할 수 있었다. 두 사람은 모두 자신의 꿈에 모든 것을 걸고 달려온 거장들이었다. 빌 게이츠는 컴퓨터회사인 마이크로소프트사를 키우며 정보 통신 분야를 휘어잡았고, 워런 버핏은 버크셔 해서웨이라는 기업 투자를 위한 지주 회사를 키워서 세계의 투자의 달인의 자리에 올랐다. 자신의 꿈을 사랑한다는 사실만으로도 빌과 워런 사이에는 공감대가 금세 형성될 수 있었다.

워런은 빌과 만나고 돌아온 후 자신의 비즈니스 파트너인 찰리에게 이렇게 말했다.

"컴퓨터에 대해선 빌보다 더 뛰어난 선생은 없을 거야. 빌은 내가 완전히 이해할 때까지 무려 아홉 시간이나 쉬지 않고 설명을 해주었지. 쏟아지는 나의 질문에도 전혀 지치지 않고 말이야. 정말 열

정적이고 집요한 친구야! 나는 그렇게 자신의 일에 대해 열정적인
사람을 좋아한다네.”

첫 만남 이후 워런과 빌은 25년이라는 세대 차이를 넘어 함께 축
구 시합을 관람하기도 하고 컴퓨터 게임을 하기도 하면서 친분을
다져 나갔다. 그렇게 두 거장의 우정은 따뜻하게 무르익어 갔다.

그런데 무엇보다도 두 사람을 더욱 끈끈하게 묶어 준 것은 부에
대한 가치관이었다. 그들은 모두 천문학적 금액의 재산을 가지고
있었는데, 그 돈을 가치 있게 써야 한다는 생각이 확고했다.

워런은 빌과 친구가 된 몇 년 후 예순다섯 번째 생일에 앤드루
카네기의 『부의 복음』이라는 책을 주변 사람들에게 선물하며 자기
스스로도 자신의 삶을 뒤돌아보았다. 앤드루 카네기의 말은 그의
가슴에 잔잔한 파문을 일으켰다.

“부자가 되는 것보다 더 중요한 건 부자로 죽지 않는 것이다.”

빌 게이츠 역시 마찬가지였다. 빌 역시 워런처럼 사업을 하던 초
창기에는 돈 버는 일에 모든 열정과 에너지를 쏟아부었다. 젊은 사
업가는 무서울 정도의 추진력을 발휘하며 마이크로소프트사를 키
워 냈는데 그러던 어느 날 자신의 성공뿐만 아니라 주변의 어려운
사람들을 돌아보게 된 것이다. 그런 데에는 아내 멜린다의 영향이

컸다. 빌에게는 멜린다를 만난 것이 자신의 인생 방향을 전환하는 운명의 시작이었다.

멜린다는 빌과 결혼하기 전인 1993년 아프리카 여행을 하던 중 맨발로 다니는 사람들과 굶어 죽어 가는 아이들의 모습을 두 눈으로 목격했던 적이 있었다. 멜린다는 그때 일을 이렇게 고백한다.

"맨발로 흙먼지 이는 길을 걸어 채소를 팔러 가는 한 여인을 보았는데, 그 자체가 나에게는 충격이었습니다. 아무리 둘러봐도 신발을 신고 있는 사람이 단 한 명도 없었지요. 아프리카가 나를 영원히 바꿔 놓았습니다."

아프리카의 현실에 눈뜬 그녀는 여행에서 돌아온 이후부터 아프리카의 참상에 대한 뉴스나 보고서에 관심을 갖기 시작했다. 운명은 그런 멜린다를 전 세계에 윈도우를 퍼뜨리며 막대한 부를 거머쥔 빌 게이츠와 결혼하게 했다. 그리고 멜린다는 성공과 사업만 알던 빌 게이츠를 변화시켰다.

빌은 멜린다의 영향으로 자선 사업에 관심을 갖기 시작했다. 빌에게는 수많은 사람에게 도움을 줄 수 있는 능력과 부가 있었고, 멜린다의 영향으로 그는 자신의 능력과 부를 자기 자신이 아닌 다른 사람들을 위해 써야겠다는 마음에 다다른 것이다.

2000년 두 사람은 빌 앤드 멜린다 게이츠 재단(Bill & Melinda Gates Foundation)을 설립하기로 했다. 평소에도 자신의 부를 가치 있게 써야겠다는 생각을 가지고 있던 워런은 빌이 재단을 설립하자 깜짝 놀랐다.

"자선 사업 재단을 설립한다고? 아, 빌이 정말 멋진 일을 시작하는군!"

빌과 멜린다의 행보는 워런에게 많은 영향을 주었다. 워런은 자기가 모은 돈을 어떻게 가치 있게 쓸 것인가에 대한 고민의 해답을 빌과 멜린다를 통해서 서서히 발견했다.

"돈이라는 것은 버는 것보다 가치 있게 쓰는 것이 더 중요한 것이다. 내 주머니 안에 쌓아 두기만 한다면 많은 돈을 갖는 것이 무슨 소용이 있단 말인가. 나는 수많은 사람의 도움을 받아 지금의 많은 재산을 갖게 되었으니 앞으로는 가치 있게 나의 재산을 사용해야 한다."

빌 앤드 멜린다 게이츠 재단은 미국 최대의 자선 단체로서 아프리카 대륙의 에이즈, 말라리아, 결핵 등의 질병을 치료하는 사업에 돈을 지원할 뿐만 아니라 후진국 청소년들의 교육을 위해서도 지원을 아끼지 않았다. 빌 게이츠는 자선 단체를 설립하는 데 그치지 않고 자선 사업에 열정을 쏟기 시작했다.

워런은 베스트 프렌드인 빌의 행보를 지켜보면서 자신의 인생을 다시 한번 생각했다. 아프리카가 멜린다를 변화시켰듯이, 멜린다는 빌을 변화시켰고, 빌은 다시 또 하나의 거인인 워런 버핏을 변화시켰다.

워런 버핏은 평생에 걸쳐 좋은 만남을 많이 가졌다. 그것은 우연만은 아니었다. 워런은 자기 꿈에 대한 목표 의식이 투철했기 때문에 자신에게 필요한 사람을 분별할 줄 알았다. 워런은 놀고 즐기는 친구는 필요로 하지 않았다. 워런은 인생을 나누고 함께 꿈꿀 수 있는 사람을 항상 기대했고, 그런 사람을 만났을 때 알아볼 줄 알았고, 그 사람을 귀하게 여기고 함께 나눌 줄 알았다. 그렇기 때문에 워런의 인생에는 좋은 인연, 자신을 발전시켜 주는 상생의 인연이 많이 존재할 수 있었던 것이다.

워런은 벤저민 그레이엄과의 만남을 통해 투자의 비법과 원리를 배웠다. 찰리 멍거라는 친구를 통해 보다 도전적이고 배포 있게 투자할 수 있는 힘을 얻었다. 그리고 빌 게이츠와의 만남을 통해 보다 가치 있는 삶이 무엇인가에 대한 답을 찾을 수 있었다.

그 외에도 워런의 첫 번째 부인인 수잔의 내조로 안정적인 일상을 얻을 수 있었다. 비록 워런 버핏보다 먼저 세상을 떠나긴 했지만 수전은 남편의 스타일을 인정하고 배려하여 워런이 일에만 전념할 수 있도록 했다. 그녀 덕분에 워런의 모든 일상은 물처럼 자연스럽고 원만하게 흘러갈 수 있었다. 수전이 죽은 이후 재혼한 두 번째 부인 역시 마찬가지였다. 워런이 아무런 걱정 없이 오직 자신의 일에만 집중할 수 있었던 것도 이해심 많고 내조를 잘해 주는 여자를 선택하고 결혼한 덕분이었다. 그래서 워런은 젊은이들에게 늘 이렇게 강조한다.

"제대로 된 사람과 결혼하라!"

워런은 빌 게이츠가 멜린다와 결혼할 때도 "멜린다와 같이 자상하고 현명한 내조자가 될 여성과 결혼한 것은 빌이 평생 한 결정 중에서 가장 잘한 일"이라며 축하해 주었다. 그리고 빌은 워런의 예상대로 현명한 멜린다의 영향으로 돈만 아는 사업가에서 진정한 영향력을 지닌 부자로 거듭날 수 있었다.

만약 워런이 벤저민 그레이엄을 만났을 때 그저 스쳐 지나가는 대학교 교수들 중 한 명쯤으로 치부했다면 벤저민으로부터 그렇게 많은 것을 배우지 못했을 것이다. 찰리 멍거를 만났을 때도 그가 가진 능력과 통찰력을 간과하고 그저 대화나 하는 가벼운 친구로 여겼다면 더욱 큰 투자자로 거듭나지 못했을 것이다. 빌 게이츠를 만났을 때도 빌을 나이 어린 풋내기쯤으로 치부하고 마음을 열고 대하지 않았다면 빌의 인생을 통해 자신의 인생을 되돌아볼 수 없었을 것이다.

우리가 누구를 만나느냐에 따라 우리의 인생이 달라진다. 그리고 더욱 중요한 것은 그 만남을 귀하게 만들어 갈 수 있는 자기 자신의 역량이 있어야 한다. 워런은 자신에게 다가온 귀한 인연을 귀하게 알아보고 더욱 아름답게 발전시켜 나갈 줄 알았다.

진정한 꿈은 소유하는 게 아니라 나누는 것

부는 물려주는 게 아니라 사회에 환원하는 것이다

2006년 6월 26일 워런은 기자 회견장으로 향했다. 그날은 워런 버핏과 빌 게이츠, 그리고 빌의 아내 멜린다 게이츠가 함께 중요한 발표를 하기로 한 날이었다. 기자들의 이목이 집중된 가운데 워런 버핏이 빌 게이츠 부부와 함께 앞으로 나왔다.

"저는 제가 가진 전 재산의 85%인 370억 달러(한국 돈으로 약 43조 원)를 빌 앤드 멜린다 게이츠 재단에 기부하고자 합니다. 빌과 멜린다 는 돈을 귀하게 쓸 줄 아는 사람들입니다. 그들이 나의 재산을 전 세 계의 어려운 이웃들을 위해 값지게 사용해 주리라 믿습니다!"

기자들의 카메라 플래시 세례가 이어졌다. 버핏 회장 발표는 순식간에 인터넷과 방송을 통해 전 세계에 속보로 전해졌다.

'세계 최고의 부자 워런 버핏, 자기 재산의 85% 기부!'

그것은 그해 세계의 가장 큰 뉴스가 되었다. 그리고 세계 수많은 사람에게 희망을 주는 따뜻한 부자의 모습으로 기억되었다.

2000년 빌이 먼저 자선 사업을 위한 재단을 설립하여 자선 사업에 뛰어드는 것을 보고 워런 역시 자신의 뜻을 확고히 하게 되었고 재산의 85%를 기부하리라 결심하게 되었다. 나이 차이를 극복하고 20년 가까이 이어 온 아름다운 우정이 2006년 세계 역사상 최대 규모의 기부를 창출했던 것이다.

기부 문화에 익숙해져 있는 미국 사회조차도 그 어마어마한 기부 규모에 깜짝 놀랄 수밖에 없었다. 워런의 기부는 금액 자체가 최대 규모이기도 했지만 그 금액이 자기 재산의 85%라는 비율 또한 놀라운 일이었다. '재산의 85% 기부'는 가진 것의 일부가 아니라 가진 것의 거의 전부를 사회를 위해 내놓은 것이었고, 그것은 워런이 그의 자식들에게 부를 고스란히 물려주지 않겠다는 뜻이기도 했다. 워런은 '부'라는 것이 개인의 것이 아니라 사회의 것이라 믿었다.

그래서 워런 버핏은 기자들 앞에서 이렇게 덧붙였다.

"사회의 도움을 받지 않고 성공할 수 있는 사람은 없습니다. 부는 개인의 것이 아니라 사회에 되돌려 주어야 하는 보관증에 불과

합니다!"

그리고 워런은 자신의 부를 사회에 돌려주기 위해 빌과 멜린다의 재단에 기부하는 방식을 선택했다. 투자 전문가다운 발상이었다. 자신의 재산을 자신의 이름을 건 재단이 아니라 다른 사람의 재단에 기부하기로 결정한 것은 '가장 잘할 수 있는 사람에게 맡기기 위해서'였다. 마치 그가 가장 투자 가치가 있는 기업을 선택하는 것과도 일맥상통한다.

끝까지 자신의 꿈을 믿었던 마음이 따뜻한 부자

워런은 평소에도 "나는 결코 자식들에게 많은 재산을 증여하거나 상속하지 않을 것!"이라고 말하곤 했다. 워런 버핏의 엄격한 가치관은 그의 아버지인 하워드 버핏의 모습과 닮아 있다. 하워드는 미국의 경제 공황기를 온몸으로 겪은 세대였고, 주식 중개업을 하다가 미 하원의원을 지냈다. 1964년 하워드가 암으로 세상을 떠났을 때 그의 유산은 단 한 푼도 워런에게 오지 않았다. 아버지 버핏은 자신의 재산 대부분을 병원과 대학에 기부했고, 아들에게는 개인적인 소장품 외의 다른 재산은 물려주지 않았다. 워런의 재산은 모두 워런 자신이 모은 것일 뿐 물려받은 것은 단 한 푼도 없었다. 물려받은 게 있다면 근검절약의 정신, 사업가로서의 자질, 오랜 세월에 걸친 투자와 경제에 대한 교육 등이다. 또한 할아버지의 가르침이 있었다. 그런 것들은 재산보다도 더 위대한 유산이 되었다.

"신용을 잃지 마라. 신용은 돈보다 더 소중하다. 사업을 할 때는 적당하게 이익을 얻는 데 만족하라. 부자가 되겠다고 너무 급하게 서두르지 마라."

버핏의 증조부(시드니 버핏)에서 시작해 3대에 걸쳐 오마하에서 식료품상을 하며 자리를 잡았던 선조의 가르침이 워런에게 유전되었다. 대대로 내려오는 상인 정신에 하원의원과 사업가를 거친 아버지 하워드 버핏이 물려준 사회적 책임의식 등이 더해져, 워런 버핏은 마침내 진정한 양식과 능력을 갖춘 세계 최고의 부자가 될 수 있었던 것이다.

그 위대한 정신적 유산은 워런 버핏에게서 다시 그의 아이들에게 유전되고 있다. 워런의 자녀들은 아버지에게서 재산을 물려받기를 기대하지 않는다. 워런의 기부 발표가 있은 며칠 후 그의 자녀들은 한 방송에 출연해서 방송 진행자로부터 이런 질문을 받았다.

"내가 받을 유산은 어디에 있냐고 아버지에게 묻지 않았습니까?"

워런의 자녀들은 이렇게 대답했다.

"그건 아버지의 돈이지 저희의 돈이 아닙니다. 저희들은 아버지의 계획을 적극 지지할 뿐입니다."

워런의 아들 하워드와 피터, 그리고 딸 수지는 모두 자선 단체를 운영하면서 아버지의 뜻에 동참하고 있다.

어린 시절 '서른다섯 살에 백만장자가 되겠다!'는 꿈을 품고 한평생 앞만 보고 달려온 워런 버핏. 그에게 남은 꿈은 더 큰 부자가 되는 것이 아니다. 그의 꿈은 이제 달라져 있다.

"이제 나의 꿈은 부자로 죽지 않는 것이다."

세계적인 경제지 『포브스』는 620억 달러(한국 돈으로 약 72조 원)의 재산을 가진 워런 버핏을 2008년 세계 최고의 부자로 선정했다. 그리고 그의 재산은 점점 불어 가고 있지만 그의 생활은 조금도 달라지지 않았다. 여전히 비싼 차보다는 오래된 중고차를 몰고 다니고, 50년 전 구입한 주택에 여전히 거주하고 있으며, 호화로운 음식보다는 콜라나 햄버거를 즐겨 마시면서 오마하의 평범한 보통 사람들과 똑같이 생활하고 있다. 그래서 사람들은 그를 '오마하의 현인'이라고 부른다.

그는 마치 처음 꿈꾸는 사람처럼 여전히 열정적으로 일하고 있다. 보통 사람이라면 벌써 은퇴를 했을 여든 살이 넘은 나이지만 여전히 돈 버는 일에 온 열정을 다하며 하루하루를 보내고 있다. 그의 하루하루는 여전히 꿈을 향해 걷는 여정이다.

40여 년 동안 사용해 왔던 수수한 사무실에서 그는 캔버스에 매일 아침 자신만의 스타일대로 자신만의 그림을 그린다. 그 누구의 간섭도 받지 않고 자신만의 세계를 즐기면서 말이다. 그의 돈은 점점 더 많아지고 있다. 그러나 가치관을 똑바로 가진 사람에게 더 많은 돈은 더 많은 헌신을 위한 훌륭한 도구가 될 것이다.

워런 버핏은 젊은 시절 꿈꾸던 모든 것을 이루었고, 그 꿈은 분명한 현실이 되었다. 꿈은 의심하는 자에게는 백일몽에 불과하지만 끝까지 믿는 사람에게는 현실이 되는 법이다. 꿈은 어떻게 이루는 것이냐고 묻는 젊은이들에게 워런 버핏은 이렇게 대답한다.

나는 오래전부터 내가 부자가 될 것이라는 사실을

단 한 번도 의심해 본 적이 없다.

I have never suspected whether I would be rich.

워런 버핏이 알려 주는 부자들의 비밀 정보

"나보다 돈이 적은 나의 직원들이 오히려 나보다 더 높은 세율의 세금을 내고 있다. 근로소득세율이 이자소득세율보다 높기 때문이다. 땀 흘려서 일하는 사람들이 나처럼 돈을 굴려서 돈을 버는 사람보다 더 많은 세금을 내고 있는 것이다. 정부는 나 같은 부유층에게 더 많은 세금을 거둬야 한다."

워런 버핏의 주장이다. 부자들이 더 많은 세금을 내도록 조세 제도를 개선해야 한다는 워런의 주장으로 미국에서는 부자들의 증세 논란이 촉발되었다. 그리고 2011년 11월 16일 미국의 백만장자들은 워싱턴 의회 의사당에서 "우리의 세금을 더 걷어라!"라며 부자 증세를 촉구하고 나서기에 이르렀다.

버핏세와 리세스 오블리제

"부자가 더 많은 세금을 내야 한다"는 워런 버핏의 주장에서 일명 '버핏세'라는 신조어까지 생겨났다. 버핏세는 '부유층 대상 세금'을 가리키며, 버락 오바마 미국 대통령의 고소득층 증세 방안도 여기에서 착안한 것이다.

이처럼 더 많이 가진 자, 부자들의 사회적 책임이 점점 더 강조되고 있다. 워런이 2006년 자신의 전 재산의 85%인 37조 원을 빌 앤드 멜린다 게이츠 재단에 기부한 것 또한 부자로서의 사회적 책임을 다하려는 마음에서였다.

　리세스 오블리제란 사회 지도층 중에서도 부자들의 사회적인 책임을 지칭하는 말이다. 진정한 부자란 축재와 탐욕에 집착하여 돈만 많은 사람이 아니라 사회적 책임에 앞장서며 자신이 가진 것을 나눌 줄 아는 사람이다. 워런 버핏처럼 말이다.

세상에서 가장 멋진 부자, 워런 버핏

부자를 부러워하면서도 미워하는 우리들

요즘 학생들에게 꿈을 물어보면 이렇게 대답한다.

"부자가 되고 싶어요."

"빌딩 하나 사서 임대료 받으면서 살고 싶어요."

그 이유를 물어보면 이런 대답이 돌아온다.

"편하게 살 수 있으니까요."

"안정적이잖아요."

주변 어른들에게 꿈을 물어봐도 "부자가 되고 싶다"고들 한다. 이처럼 너도나도 부자가 되고 싶어 한다.

반면에 부자나 재벌에 대한 인식은 부정적이다. 우리 사회에서 부자가 존경받는 경우는 별로 없다. 아마도 돈을 벌 줄만 알았지 가치 있게 쓸 줄은 모르는 부자들이 많기 때문이리라. 수단과 방법을 가리지 않고 자신의 부만 축적해 온 부자들이 있기 때문이리라.

이렇게 우리는 부자가 되고 싶어 하면서도 부자를 미워하는 이중적인 분위기 속에 살고 있다. 하지만 워런 버핏은 어떻게 돈을 벌어야 하는지, 그리고 어떻게 그 돈을 가치 있게 쓸 것인지에 대해 산증인처럼 자신의 삶을 통해 보여 주고 있다.

워런 버핏은 미국에서 경제 대공황이 시작되던 즈음에 태어났다. 어린 시절 결코 부유하지 않았고 부모로부터 물려받은 유산도 없었다. 하지만 그는 서른둘이라는 젊은 나이에 백만장자가 되었고 말년에는 세계 최고의 부자 반열에 올랐다. 그의 평생을 보면 마치 돈을 끌어들이는 자석이 몸에 달린 사람처럼 성공적인 투자로 가득 차 있다. 그래서 사람들은 그를 세계적인 투자 천재라고 부른다.

그런데 그가 세계 최고의 부자로 끝났다면 우리는 그의 부를 그저 부러워할 뿐 존경하지 않을지도 모른다. 하지만 그는 부의 절정에서 자신의 재산을 전부 사회에 환원하겠다고 발표했다. 자녀들에게도 유산을 물려주지 않을 뿐만 아니라 자신 외의 다른 부자들도 자녀들에게 유산을 물려주는 것은 나쁜 일이라고 말하고 나섰다.

신출귀몰의 돈 버는 재주를 가진 그였지만 그 돈을 어떻게 쓰는 것이 가치 있는 일인지 몸소 보여 준 것이다. 워런 버핏을 통해 우리는 어떻게 돈을 벌어야 하는 것인지 또 어떻게 써야 하는지를 분명하게 알 수 있다.

돈이 아니라 꿈을 바라보다

워런은 초등학교에 들어가기도 전에 '백만장자가 되겠다'는 목표를 세웠다. 그리고 젊은 시절 그 꿈을 향해 옆도 뒤도 보지 않고 살았다. 하지만 그가 돈만 아는 사람은 아니었다. 그가 바라본 것은 돈이 아니라 꿈이었다. 그는 장사하는 것이 재미있었고 돈이 모이는 것이 좋았고 신이 났다. 그래서 자신이 좋아하는 일을 선택한 것뿐이다. 좀 편하게 살고 싶어서, 부귀영화를 누리고 싶어서 기를 쓰고 부를 좇은 것이 아니었다. 워런 버핏은 이렇게 말한다.

돈을 버는 것은 내가 추구하는 목표가 아니다. 돈은 그저 결과일 뿐이다.

우리가 워런 버핏의 삶에서 주목해야 할 점은 바로 이것이리라. 안정된 삶을 위해 건물 임대를 하면서 살고 싶다고 말하는 우리의 아이들이 워런 버핏에게서 돈 버는 기술보다는 자신의 꿈에 대한 열정을 배우기를 원하는 마음에서 이 책을 썼다.

기를 쓰고 돈을 좇아가는 사람에게 부귀영화는 쉽게 찾아오지 않는다. 오히려 순수한 열정으로 달려가는 사람에게 그 열정의 결과로 부귀영화가 찾아온다는 것을 워런 버핏은 여실하게 보여 주고 있기 때문이다.

또 한 가지, 워런의 힘은 '자기 긍정'에서 나온다. 그 자기 긍정의 힘은 자신의 꿈에 대한 믿음과 궤를 같이한다. 자기 자신에 대해 부정적으로 생각하고 자존감이 낮은 사람은 자신의 꿈에 대해서도 회의적일 수밖에 없다. 자신을 믿지 못하기 때문에 자신의 꿈도 믿지 못한다. 자신이 꿈을 이룰 수 있으리라고 지속적으로 믿고 기다리지 못하는 것이다. 하지만 자기 자신을 사랑할 줄 아는 사람은 자신의 꿈도 사랑한다. 워런 버핏은 평생에 걸쳐 수많은 장애와 시련을 만났지만 자신의 꿈과 세상을 향한 따뜻한 시선을 버리지 않았다.

급하게 무언가를 남들에게 보여 주기를 바란다면 쉽게 좌절하게 된다. 시선을 자기 밖이 아니라 자기 안으로 돌려 자기를 사랑하는 따뜻한 시선 위에 꿈을 향한 열정을 더한다면 우리 모두가 워런 버핏처럼 멋진 삶을 만들어 갈 수 있을 것이다.

중요한 것은 무언가를 이루느냐 하는 결과보다는 무언가를 열망할 수 있느냐 하는 우리의 마음이다. 그런 마음이 갖추어진 사람이라면 설사 자신이 원하는 만큼 큰 성공을 거두지 못한다 할지라도 자신의 삶을 사랑할 수는 있으리라.

박은몽

워런 버핏 연보

1929년　　　　　　세계 경제 대공황 시작.

1930년 8월 30일　네브래스카주 오마하에서 출생.

1936년　　　　　　할아버지 가게에서 껌, 콜라 등을 싼값에 사서 거리 장
　　　　　　　　　사를 시작.

1943년　　　　　　아버지 하워드 버핏이 하원의원에 당선되어 가족과
　　　　　　　　　함께 워싱턴으로 이사.

1947년　　　　　　우드로 윌슨 고등학교 졸업. 신문 보급소 책임자가 됨.
　　　　　　　　　펜실베이니아 대학 와튼 스쿨에 진학.

1949년　　　　　　와튼 스쿨을 그만두고 고향인 네브래스카 대학으로
　　　　　　　　　편입.

1950년　　　　　　네브래스카 대학에서 경영학 학사 학위 취득 후 컬럼
　　　　　　　　　비아 경영대학원에 진학.
　　　　　　　　　그곳에서 가치 투자의 대가인 벤저민 그레이엄을 만남.

1951년　　　　　　컬럼비아 경영대학원에서 석사 학위 취득.

1952년　　　　　　수전 톰슨과 결혼.

1953년　　　　　　큰딸 수전 A. 버핏 출생.

1954년	아들 하워드 버핏 출생. 벤저민 그레이엄의 투자 조합인 그레이엄 뉴먼 사에 입사.
1956년	오마하로 돌아와 자신의 회사인 '버핏 어소시에이츠' 설립.
1958년	아들 피터 버핏 출생.
1959년	평생의 사업 파트너가 될 찰리 멍거를 만남.
1962년	순자산 100만 달러로 백만장자의 반열에 오름으로써 어린 시절의 꿈을 3년 앞당겨 이룸. 운명적인 회사 버크셔 해서웨이의 주식을 사들이기 시작함.
1969년	버핏 어소시에이츠의 문을 닫고 새로운 이름 버크셔 해서웨이를 통해 기업을 직접 사들이는 투자를 시작함.
1977년	『버펄로 이브닝 뉴스』 매입.
1983년	네브래스카 퍼니처 마트 매입.
1988년	10억 달러 가치의 코카콜라 주식 매입
1986년	미국의 경제지 『포브스』가 선정하는 미국 5대 부호에 등극.
1990년	재산 33억 달러로 『포브스』가 선정한 세계 2위 부자의 반열에 등극.
1991년	빌 게이츠를 만나 깊은 우정을 나누기 시작.
1996년	오랫동안 투자해 온 보험회사 게이코를 매입, 자회사

로 삼음.

1993년	『포브스』에 미국 최고의 부자로 선정됨.
2000년	자선 경매 '워런 버핏과의 점심 식사'를 진행하며 다양한 사람들을 만나 멘토 역할을 함.
2001년	사회를 위해 할 수 있는 일을 고민하며, 유산세 폐지 반대 의사를 밝힘.
2004년	아내 수잔 버핏이 와이오밍에서 뇌졸중으로 사망.
2006년	자신의 재산을 '빌 앤드 멜린다 게이츠 재단'에 기부한다고 공식 발표(세계 역사상 최대 규모의 기부로 기록됨). 오랜 친구인 애스트리드 멩크스와 재혼.
2008년	총재산 620억 달러로『포브스』선정 세계 최고의 부자로 기록됨.

백만장자의 꿈을 이루다

워런버핏

© 박은몽, 2012

초판 1쇄 발행일 2012년 5월 29일
초판 3쇄 발행일 2023년 10월 16일

지은이   박은몽
펴낸이   강병철
펴낸곳   더이룸출판사
출판등록 1997년 10월 30일 제1997-000129호
주소   04047 서울시 마포구 양화로6길 49
전화   편집부 02) 324-2347 경영지원부 02) 325-6047
팩스   편집부 02) 324-2348 경영지원부 02) 2648-1311
이메일   jamoteen@jamobook.com

ISBN 978-89-5707-661-3 (44990)
         978-89-5707-093-2 (set)

잘못된 책은 교환해드립니다.
저자와의 협의하에 인지는 붙이지 않습니다.